本書は、中国「2018 年度教育部人文社会科学研究青年基金項目」（課題名：「東亜同文書院調査資料における殖民言説生成システムについての研究」課題番号：18YJC770035）の支援を受けたものである。（中国 2018 年度教育部人文社会科学研究青年基金項目"东亚同文书院调查文本中的殖民话语生成机制研究"成果，项目批准号 18YJC770035。）

近代中日における「権利」の概念史

王　長汶
Wang ChangWen

クロスカルチャー出版

目　次

0. はじめに...1
  0.1　問題の提起と研究目的...1
  0.2　先行研究...4
    0.2.1　語源学における先行研究.....................................4
    0.2.2　思想史における先行研究.....................................5
  0.3　概念の定義...6
    0.3.1　西洋における権利概念の生成および変遷........................6
    0.3.2　「権利」の定義...10
  0.4　論文の構成と内容..14
1. 近代語「権利」の生成...16
  1.1　『万国公法』における初出例.....................................16
  1.2　『万国公法』後の使用状況.......................................25
    1.2.1　丁韙良及びその周辺.......................................26
    1.2.2　王韜...28
    1.2.3　『申報』コーパスにおける「権利」の使用例..................29
  1.3　清朝末期における right のいくつかの訳語.........................30
    1.3.1　「例」や「例応」や「道理」...............................30
    1.3.2　「権」や「益処」...33
    1.3.3　「我分所当然」や「分所当得」.............................36
    1.3.4　「人得自主」...38
  1.4　「権利」という言葉に対する伝統的理解...........................41
    1.4.1　中国国家語委コーパスにおける「権利」の用例及び意味分析...42
    1.4.2　「権」と「利」に対する伝統的理解.........................47
  1.5　丁韙良の春秋戦国公法説...57
2. 日本における「権利」の変遷および定着.................................59
  2.1　「権利」の伝来...59

i

2.1.1	津田真道の『泰西法学要領』における用例	60
2.1.2	西周の訳著や著作における用例	62
2.1.3	加藤弘之の著作における用例	65
2.1.4	箕作麟祥の用例	67
2.1.5	意味のズレ	69

2.2　right（あるいは droit、Recht、regt）のいくつかの訳語 ... 71

2.2.1	福沢著作における right の訳語	71
2.2.2	「権利」と「権理」の比較	91
2.2.3	明六雑誌コーパスにおける right の訳語	96

2.3　人権新説論争における「権利」の意味の争点 98

2.4　「権利」の定着 103

3. 逆輸入された「権利」 107

3.1　日本からの影響 108

3.1.1	訪日官民	109
3.1.2	留学ブームや日本書籍翻訳ブーム	110
3.1.3	日本製漢語の移入をめぐる論争	112

3.2　「権利」（right）に対する中国知識人の理解 114

3.2.1	厳複の訳語	115
3.2.2	梁啓超の理解	120

3.3　民権論争における「権利」 127

3.4　『欽定憲法大綱』における「権利」 131

3.5　晩清期刊全文コーパスにおける「権利」の使用状況 134

4. おわりに 147

参考文献 151

付録 158

謝辞 198

0. はじめに

0.1 問題の提起と研究目的

まず「権利」という言葉の意味について辞典の説明を見てみよう。

『汉语大词典』第一版、汉语大词典出版社、1989 年 ---【权利】①权势和货财（権勢と利益）。《荀子・劝学》："君子知夫不全不粹不足以为美也……是故权利不能倾也，群众不能移也。"《后汉书・董卓传》："稍争权利，更相杀害。"明方孝孺《崔浩》"弃三万户而不受，辞权利而不居，可谓无欲矣。"②指有钱有势的人（権勢のある人）。《旧唐书・崔从传》"从少以贞晦恭让自处，不交权利，忠厚方严，正人多所推仰。"③谓权衡利害（利害をはかる）。《商君书・算地》："夫民之情，朴则生劳而易力，穷则生知而权利。易力则轻死而乐用，权利则畏法而易苦。"④公民或法人依法行使的权力和享受的利益（跟"义务"相对）（公民や法人が法によって行使すべき権力および享受すべき利益（義務とは相対的なものである））。胡适《国语文法概论》："二十年来，教育变成了人人的权利，变成了人人的义务。"老舍《四世同堂》十四："他觉得他既没有辜负过任何人，他就应当享有这点平安与快乐的权利。"

『现代汉语词典』第六版、商务印书馆、2012 年 ---【权利】quánlì 图①法律用语。指公民依法應享有的權力和利益。與義務相對。（公民が法によって享受すべき権力と利益。義務とは相対的なものである）

『広辞苑』第六版、岩波書店、2008 年 ---【権利】①〔荀子勧学〕権勢と利益。権能。②〔法〕（right）㋑一定の利益を主張し、また、これを享受する手段として、法律が一定の資格を有する者に賦与する力。「―を取得する」㋺或る事をする、またはしないことができる能力・自由。」「他人を非難する―はない」⇔義務。

『大漢和辞典』第六版、大修館書店、2007 年 ---【権利】①権力と利益〔荀子、勧学〕是故權利不能傾也。〔史記、武安侯傳〕：陂池田園宗族賓客為權利，

横於潁川。〔漢書、嚴安傳〕：賤權利，上篤厚。〔鹽鐵論、雜論〕：或上仁義、或務權利。〔後漢書、馮衍傳下〕：紛綸流於權利兮。②普通尋常でないもうけ。〔鹽鐵論、禁耕〕：夫權利之慮，必在深山窮澤之中。③社会生活上の利益を享受する法律上の力。

　また、right という言葉の意味について『ジーニアス英和辞典』（第４版）の説明を見てみよう。

　right〔通例 a/the ～〕〔…する /…に対する〕権利〔to do, of doing / to, of〕《◆法律・道徳・生得・伝統などのいずれに由来する場合にも用いる。法律に由来する場合はしばしば…》// 権利と義務 rights and duties《◆時に duties and rights ともいう》/ 言論の自由はすべての日本人の権利である。Freedom of speech is a right of all Japanese people. / 個人の権利 the rights of the [an] individual ＝ the individual's rights/ 女性のために男女平等の権利を擁護する make a stand on equal rights for women/ あなたには黙秘する権利があります。You have the right to remain silent.

　以上によると、「権利」は英語の right を訳す場合に、古典中国語から類似の概念をもつ語を借用して、新しい意味を付加したものである。また、『ジーニアス英和辞典』（第４版）を調べてみると、right の意味には「権利」の他に、「正義、公正、道理、正しい行為」などがある。一方、「権利」は字面から「正義、公正、道理、正しい行為」のような意味が読み取り難い。「権利」に主体の名を冠せることによって多様な意味を持たせることはできる。たとえば、「人民の権利」、「国家の権利」から「国会の立法権」などまで、実に多様な権利が存在している。しかし、主体の名を外した「権利」は一定の行為をする力とか、法によって保護される利益とか、きわめて狭い概念に限定されてしまう。実際には、「利益」の利と「権力」の権を組み合わせれば「利権」となり、その文字順を入れ替えれば「権利」となるが、それが「right」の訳語だと知らなければ、本来の意味は理解できないであろう。つまり、原語 right と訳語「権利」の間に意味のズレが生じたわけである。そのズレが

0. はじめに

どのように生まれたか、なぜ生まれたかを追究してみたい。

また、「参政権」の「権」は「権利」の略で、「政権」の「権」は「権力」の略だとしたところで、それ以前の問題として、「権利」の意味が「権力」と明瞭に区別されていなければ、同じことなのである。簡単に言えば、中国においても日本においても「権利」と「権力」とが混同されていたということであろう。「権利」とい言葉を聞くと、『権利がある』と主張する人や、権利という力を振りかざして、物事を自己中心的に考えている人が多くいるせいか、あまり良い印象がない。「権」という言葉は「重り、分銅」といった語義に加え、「支配力、服従させる力」という意味もある。となると、中国語や日本語において「権利」が「権力」と混同されがちだとしても、特に不思議なことではないが、実際、理由はそれほど簡単ではない。「権利」に対する伝統的理解などを踏まえておく必要がある。そして、「権利」という語の生成、変遷および定着に沿って詳しく分析したほうが問題の解明につながると思う。

一方、「権利」は中国と日本が共有している言葉である。お互いにどんな影響関係を持っているか、どういう共通点や相違点を持っているかについても考えてみたい。

新しい概念は、学問の移入にともなって訳語が作られた。訳者が各人各様の漢字を当てており、その多様さには驚くべきものがある。その多様な訳語が整理され統一された時、訳語は定着したといえよう。訳語創出、訳語統一への努力と、ほかの訳語との拮抗を見るとともに、あわせて、中国や日本において訳語がどのように継承されていったかについても考えてみたい。

要するに、権利の概念は生まれてからますます複雑になってきたが、その権利概念がいかにして中国と日本において生成、変遷、定着のルートを辿ってきたか解明を待たなければならない。本稿は「権利」という語の生成、変遷および定着の過程を明らかにすることを目的とする。

0.2 先行研究

0.2.1 語源学における先行研究

（一）日本製漢語説

梅仲協（1943 年）は『民法要義』の中で現代法学における「権利」がヨーロッパの学者によって創出されたもので、日本語に訳され、清末に日本から中国に輸入されて定着したと指摘した[1]。

鈴木修次（1981 年）は、近代的「権利」は明治の日本人が right の訳語として作った「新漢語」すなわち日本語であるとし、これが康有為や梁啓超らによって清朝末期の中国にもたらされ、漢字文化圏社会に広く普及するに至ったという説明をした。そして、鈴木氏は、日本における近代的「権利」の初見として、加藤弘之の『立憲政体略』（初版 1868 年）における使用例を示した[2]。

郭道暉（1995 年）は中国法律における「権利」は清末の立憲や民国の「六法」においてはじめて現れ、それが日本から伝来したもので、日本でドイツ語 Recht が「権力と利益」に訳され、「権利」と略されたと指摘した。

また日本にはもともと「権利」という概念がなかった。それは津田真道が 1868 年に創出した専門語であり、オランダ語 regt に当てられた訳語で、まず「権理」に訳され、後で「権利」になったという言い方もある[3]。

（二）中国製漢語説

「権利」の語源について、石井研堂が「明治文化に鎔化した支那書其他」（明治文化研究 4 巻 5 号、1928 年）の中で、「明治の法典翻訳の大家箕作麟祥氏も嘗て明治法学校の授業初式の時、『己が法律の述語中、権利だの義務だの

---

[1] 梅仲协:《民法要義》、中国政法大学出版社、1998 年版 32 頁。1943 年に初版、1954 年に再版、1998 年 に中国政法大学出版社によって中国大陸ではじめて簡体字版が出版された。

[2] 鈴木修次：『日本漢語と中国—漢字文化圏の近代化—』、中公新書、1981 年。

[3] More.C.A.（ed.）, The Status of the Individual in East and West, Honolulu1968:430

といふ語は、アナタ方は訳の無い語だと思ってお出ででありませうか、私が翻訳書に使ったのが大奮発なのでございます、併し何も私が発明といふではなく、支那訳の万国公法中にライトとオブリゲーションといふ字を、権利義務と訳してありましたから、其れをぬきましたので……』と演説しておられる」と述べており、今日の国際法に当たる丁韙良（英語：William Alexander Parsons Martin, 1827 － 1916）訳『万国公法』に直接の典拠を求めている。同じ主張を持っているのは飛田良文の「明治のことば「権利」考」（『月刊ことば』3－3、現代日本語研究会、1979 年 3 月）、佐藤亨の『幕末・明治初期語彙の研究』（桜楓社、1986 年）や沈国威の『近代日中語彙交流史−新漢語の生成と受容』（笠間書院、1994 年）などである。

中国では、李貴連は《話説“权利”》（《北大法律评论》第 1 卷第 1 辑、北京大学出版社、1998 年）の中で、法律用語としての「権利」は和製漢語ではなく、中国から日本に伝わったものであると指摘した。同じ主張を持っているのは王健の《沟通两个世界的法律意义---晚清西方法的输入语法律新词初探》（中国政法大学出版社，2001 年）、金观涛、刘青峰の《观念史研究：中国现代重要政治术语的形成》（法律出版社 2009 年版）などである。

0.2.2　思想史における先行研究

山田洸は『言葉の思想史』（花伝社、1989 年）の中で、国家に対する住民・指導者の権利運動を中心に考察を進め、自由民権運動・明治憲法体制の内容を明らかにし、日本国憲法の諸権利の先駆的・源流的存在を検討し、近代日本における権利運動の軌跡とその法思想・法意識を考察した。

樋口陽一は「立憲の原則を議論する国法学において憲法と条約の掲げる諸権利を、裁判の方法によって法的に確保する」[1]と述べ、比較研究の視点で「法」と「権利」の関係について全面的に論じた。「法」と「権利」という二つの言葉は、ヨーロッパの用語伝統の上では、単に同一の事物（現象）を別

---

[1] 樋口陽一：『国法学　補訂版——一人権言論』、有斐閣、2007 年、103 頁。

の側面から眺めて指称するにすぎないものであり、したがって社会生活の規範に関連して「権利」の観念が欠けているということは「法」の現実の機能にとってきわめて重要なものであるからである。

　許暁光は「欧米近代政治思想の影響を受けたせいか、明治前期の日本において伝統的思想とまったく異なる近代的権利観が現れた。人間の基本的権利、平等、自由などの思想は広く社会に広まった。……その観念の流行は人々を長期間にわたる伝統的封建権利思想の束縛から解放し、同時に新しい近代化の政治体制を生むための理論を準備した」と述べ、権利観念の転換に重点を置き、近代化思想の方向に向って展開している。また「近代化の視点から人間の基本的権利の重要性と国から守るべき必要性を論証して、専制統治に対抗するための人民の参政権と抵抗権のような近代化思想を提出した」[1]と述べ、藩閥政府と拮抗し、国民の自由と権利の伸張を望み、政治への参加を訴える国民の権利意識が日本の文明開化を推進したと指摘した。

　従来の研究では、中国あるいは日本の一つの国における権利の語彙的変化に限られて、影響関係を持っている両国間においての伝播や形成を明らかにすることができない。また、先行研究は思想史や言語史の視点から研究したものが多く、翻訳史の視点から、訳語成立と思想受容の葛藤を探求する研究はまだ少ないと思う。本文は「権利」を一つの翻訳語、それに、西洋思想のキー・コンセプトとして扱い、近代中日両国の知識人が思想の受容と変容を通じて、翻訳活動に加えた影響を探求しようとする。

0.3　概念の定義

0.3.1　西洋における権利概念の生成および変遷

　中国と日本における翻訳語たる「権利」の概念を明らかにするために、そ

---

[1] 許暁光：《論明治前期日本的近代權利觀》、四川大学学報（哲学社會科学版）2007 年 2 期。

0. はじめに

の原語の意味変遷を分析することが必要である。「権利」はオランダ語・フランス語・ドイツ語・ラテン語ではみな「法」にも訳すことができる。古代ギリシア、古代ローマの時代には権利と義務の区分がない。「中世紀の終焉になっても、古代や中世紀の言葉にはいわゆる「権利」に訳されることができる用語がなかった。約 1400 年前に、この概念は古代英語や 19 世紀半ばまでの日本語はさることながら、古代ヘブライ語、古代ギリシア語、ラテン語、アラビア古典や古代語にすら表現方式が欠けている」[1]と言われている。ラテン語 jus は「権利」に訳すことができるが、多義語として「法律」などいくつかの意味がある。しかし、古代ローマ人にしてみると、jus の基本的原則に「自分にしてほしくないことを他人にするな」が含まれている。つまり、jus は配分的正義における「各人のもの」、すなわち、社会が当該個人に与えたその人にふさわしい取り分（客観的意味）を意味した。しかし、視点を変えれば、客観的な意味から主観的な意味へと発展していく可能性が潜んでいる。つまり、取り分を認められ、与えられた当の本人（帰属主体の側）から主観的にとらえてみると、「正当かつ当然に自らに属している＜もの＞」ということになるであろう。そうなれば、それをどう使うかは自分次第という考えに発展していくように思える。そこでヘンリー・メインは「権利という用語は古典的ではないが、法学にこの概念があるというのはローマ法の成し遂げたところである」[2]と主張した。

　12 世紀後半以降徐々に、決定的には 14 世紀に、「各人の正当な取り分」という意味（客観的意味）が「各人の正当な取り分に対して各人がもっている力、権能、支配、処理能力、自由」という意味（主観的意味）へと拡張してきた。

　ローマ法学者や教会学者の理解では、「ローマ人は法律で、即ち政治組織の強力なシステムで正当なものや正義のものを支えているが、ローマ法におい

---

[1] 米恩：《人的権利與人的多様性》、中国大百科全書出版社、1995 年 1 版、5 頁。
[2] 梅因：《古代法》、商務印書館、1959 年第一版、102 頁。

てまだ権利の分類や権利の概念は存在していない」[1]と考えられているが、jus は、古典時代において考えられていたような単なる「各人の正当な取り分」にとどまるものではなかった。彼らは、自然的 jus を、神によって人間に与えられた一定の力、魂の力、理性ととらえたものであり、これは、jus を「人間に備わった力」としてとらえることの始まりであったといえる。

哲学者・神学者トマス・アクィナス（1225 頃－ 1274）はアリストテレスの再評価を通じて jus を正当性（just）と結びつけて、jus の意味を拡張して、jus の最も重要な内包が「正当なものそれ自身（the just thing itself）」だと主張する。アクィナスは財産や政治権威が必要悪ではなく、自然的かつ善的もので、特に私有財産が一番完璧な所有権形式であると主張し、私有財産の正当性を訴えた。

そして、オッカムのウィリアム（1285 － 1347）は jus を帰属主体のもつ potestas（権能）であるととらえた。ここにおいて jus は、客観的で具体的な＜もの＞（各人の正当な取り分）ではなく、逆に、その＜もの＞を使用する人間の「権能」であると、帰属主体である人間の側からとらえられることになったミシェル・ヴィレーによればまさしくこのオッカムこそが、主観的 jus 概念の、したがって近代的「権利」概念の思想的起源だったのである。

17 世紀早期に jus が財産および関連分野における個人の moral power に解釈される言い方が現れた。そして、グローティウス（1583 － 1645）は 1625 年ごろの『戦争と平和の法』において jus を正当的なもの（that which is just）のほかに、人間が固有した道徳資格（moral quality）を指すとした。また、個人はそうした資格に基づいてあるもの（あること）を正当に持ったり、為したりすることができると考えられた。この解釈はもともと「法」、「正当性」という二つの意味をもっている jus に新しい意味を与え、近代法学における「権利」概念の前触れと見なされている。

そして、「万人の万人に対する戦い」という自然状態を想定して強大な王権

---

[1] 庞德：《通过法律的社会控制》、沈宗灵、董世忠訳、商務印書館 1984 年版、44 頁。

を是認する社会契約説を唱えた。イギリスのトマス・ホッブズ（1588 − 1679）は、主著『リヴァイアサン』において jus について客観から主観への意味転換を完成させた。ホッブズは人間の自然状態を闘争状態にあるものだと規定する。彼はまず、生物一般の生命活動の根元を自己保存の本能とする。自己保存のために暴力をふるうなど積極的手段に出ることは、自然権として善悪以前に肯定される。その上で、人間固有のものとして将来を予見する理性を措定する。理性の予見は、各自の自然権を制限せよという自然法を導く。自然法に従って人びとは、各自の自然権をただ一人の主権者に委ねることを契約する。ふつうに自然的 jus（ius naturale）とよぶ自然の権利（right of nature）とは、各人が、彼自身の自然すなわち彼自身の生命を維持するために、彼自身の力を使用することについて、各人がもっている自由であり、したがって、彼自身の判断力と理性において、彼がそれに対する最適の手段と考えるであろうどんなことでも行う自由である[1]。

　以上のように、ラテン語 jus は、中世盛期以後、「各人の正当な取り分」という客観的な意味と、「各人の正当な取り分に対して各人がもっている力、権能、支配、処理能力、自由」という主観的な意味をあわせ持つようになり、近世になると、主観的な意味の方が前面に押し出されてくる。このようなラテン語 jus が、ヨーロッパ近代諸語で、「正直」の意味をもつ right、regt、droit、Recht などと訳されたのである。Jus はもともと「法」という意味を持っていることから、実定法的側面を持っているのである。実定法においては、jus は法によって保障されなければならないものである。一方、Jus も自然法的側面を持っている。自然法においては、jus は正義によって付与された資格や能力である[2]。jus のこの二つの意味合いはそのまま right、regt、droit、Recht に継承された。

---

[1] 以上は市原靖久：「権利の概念史シリーズ 2 回　ius の客観的意味と主観的意味」http://www.kansai-u.ac.jp/presiweb/news/column/detail.php?i=570 を参照のこと。

[2] 薛波主編：《元照英美法詞典》、法律出版社、2003 年、1200 頁。

0.3.2 「権利」の定義

まず、right について Black's Law Dictionary（第8版）[1]の説明を見てみよう。

right, n.

1. That which is proper under law, morality, or ethics <know right from wrong>.（法的・道徳的・倫理的に正当なもの＜正しいことを知る＞. 筆者訳、以下同じ）

2. Something that is due to a person by just claim, legal guarantee, or moral principle <the right of liberty>.（（正当な要求・法的保証・道徳的信条などによってすべての人間が当然受けるべきもの)＜自由の権利＞）

3. A power, privilege, or immunity secured to a person by law <the right to dispose of one's estate>.（法に従った権力、特権や免責＜財産分与の権利＞）

4. A legally enforceable claim that another will do or will not do a given act; a recognized and protected interest the violation of which is a wrong <a breach of duty that infringes one's right>.（他人に対し一定の行為・不作為を求めることができる法的強制力；認可され、保護された、違反できない利益＜権利侵害に対する不履行の義務＞）

5. (often pl.) The interest, claim, or ownership that one has in tangible or intangible property <a debtor's rights in collateral> <publishing rights>.（有形・無形財産に対する利益、主張や所有権＜版権＞）

6. The privilege of corporate shareholders to purchase newly issued securities in amounts proportionate to their holdings.（新株

---

[1] Black's Law Dictionary 8th ed. (West Group, 2004), Bryan A. Garner

引受権）

7. The negotiable certificate granting such a privilege to a corporate shareholder. （株主として持っている権利書）

それに対して、『法学辞典（改訂増補版）』（末川博　東京：日本評論社 1978年）をしらべてみると、権利の定義は次のようになっている。

　【権利】論理的その他種種の意味で用いられるが、一般には法的意味において用いられ、特に権利本位思想の下では、法の主観化されたものとさえいわれる。権利の本質については、学説上権利意思説・権利利益説・権利法力説などがある。今日は権利法力説が一般に支配的であって、権利とは、一定の利益の享受のための手段として、法が一定の資格を有する者に与える力であるといわれる。権利には、公法関係において生ずる公権と、私法関係において生ずる私権とがあり、公権は立法・司法・行政の三権からなる国権と、自由権・生存権・参政権・国務要求権からなる基本的人権とに大別される。私権は、其の目的とする利益の内容によって財産権と非財産権に、またその作用の観点から支配権・請求権・形成権・抗弁権に分けられる。このほか国際法上の権利と国内上の権利の別もある。一般に権利と義務とは、一の法律関係の表裏をなしており、通常権利にはそれに対応する義務があるけれども、取消権、解除権のような形成権には、それに対応する義務がない。なお権利といえばこのような実定法上の権利を指すのが原則であるが、これに対して自然法論の説く自然権のごとく自然法上の理念的ものもある。また法曹社会主義の説く経済的基本権も理念的なものであり、実定法上の権利と区別される[1]。

同辞典は権利関連の三つの学説（権利意思説、権利利益説、権利法力説）も挙げている。引用が長くなるが、概念を明らかにするために、とりあえず写してみよう。

【権利意思説 (Willenstheorie)】

　権利の本質を意思に求める学説。権利利益説に対立する。そのいわゆる意思は単に自然的な欲求を意味するものではなく、法によって認められ付与された意思である。この

---

[1] 末川博：『法学辞典（改訂増補版）』、東京：日本評論社、1978 年、265 − 266 頁。

説の代表者であるヴィントシャイトによれば、権利とは、法規によって与えられた意思の力、また意思の支配である。この説は利益の保護という権利の内容にふれないところに欠点をもつといわれている[1]。

【権利利益説（Interessentheorie）】

　権利の本質を利益に求める学説。ここでいう利益は単なる主観的利益ではなく、法によって保護されている利益法を意味する。この説の代表者であるイェーリングによれば、権利とは法によって保護された利益である。この説は生活利益の保護という権利の目的に着眼している点で、権利意思説の不十分な面を補うことができるが、利益そのものが権利であると考えるところに難点をもつ[2]。

【権利法力説】

　権利意思説や権利利益説を総合しつつ発展した権利学説。これによれば、権利は一定の利益の享受を可能にするための法上の力である。法上の力とは、法によって与えられた可能としての力を意味し、体力や知力のごとき実力を意味しない。権利の目的は生活利益の保護ないし享受であるが、それを達するための手段として法によって認められている力に権利の本質を求める点ですぐれており、この傾向の権利学説が今日支配的である[3]。

　まとめてみると、権利の本質は何かという問題をめぐり、伝統的に意志説と利益説が対立してきたが、意志説によれば、権利主体の意志の支配領域を確保するところに権利の本質があり、権利の正当化の根拠は意志の自律であるとされるのに対し、利益説によれば、権利者の利益を保護するところに権利の本質があり、権利の正当化根拠は保護利益の重要性であるとされている。したがって、少なくとも利益説に立つ限りは権利と利益とは密接な関係があることになる。この意味では、権利は権利主体の利益を保護するためのものだと言えそうである。また、権利概念はその西洋諸語に見られるように、

---

[1] 末川博：『法学辞典（改訂増補版）』、東京：日本評論社、1978 年、266 頁。
[2] 末川博：『法学辞典（改訂増補版）』、東京：日本評論社、1978 年、270 頁。
[3] 末川博：『法学辞典（改訂増補版）』、東京：日本評論社、1978 年、268 頁。

「正当性」＝正義理念を内包しており、正義理念は権利主張の公共的正当化可能性を内在的制約として要求している。どういうことかといえば、たとえ権利が権利主体の利益要求であるとしても、その利益要求が、自己の特殊利害や特異信念を超えた公共的理由によって正当化可能な要求である場合にのみ、権利の地位を獲得できる。そこで、法力説において自然の権利より法律上の権利が重要視される。この問題は、実定法と自然法との対立、法実証主義と自然法思想の対立にもつながっていく問題のように思われるが、自然権利あるいは道徳権利と違い、実定法における権利は「道徳の基礎があってもいいし、なくてもいい。実は特定の法制度に認められたり、保護されたりしなければならない」[1]。言い換えれば、「権利は法律に認められ、設定され、かつ保護されるものである。法律の確認と保護がないことには、権利が存在しない」ということである[2]。実定法における権利に焦点をあてる場合、権利が自ずから法律の力（法力）と関連をもつようになる。

　今日に至っても、権利の定義に対する論争は鳴りをひそめていない。『オックスフォード法律大辞典』では、権利は「かなり非友好的に扱われており、それに使われすぎる言葉」であるとされる。しかし、共通的認識に到達するのもやはり可能である。上述の三つの学説をまとめてみると、「権利」には利益（権利利益説）、自主性（権利意思説）、資格（あるいは能力・力・パワー）（権利法力説）など三つの要素が含まれている。そして、権利の原語であるrightはもともと「正当性」を持っている。要するに、本稿は利益、正当性、自主性、資格（能力・力・パワー）という四つの要素がふくまれているかどうかという基準によって訳語が適切であるかどうかを判断することにする。

---

[1] 牛津法律大詞典、光明日報出版社 1988 年 1 版、774 頁。
[2] 中国大百科全書・法学、中国大百科全書出版社、1984 年 1 版、485 頁。

0.4 論文の構成と内容

　本論文は五つの部分からなる。すなわち緒論、本文三章、結論である。緒論は問題の提出、概念の定義、論文の構成と内容からなる。第一章では近代語「権利」の生成について述べてみたい。まず「権利」の初出は丁韙良訳『万国公法』にあることを述べ、『万国公法』においていかに「権利」でrightを当てたか図表で詳しく説明し、その意味特徴を分析しておく。そして、丁韙良訳『万国公法』後の中国での「権利」の使用状況を明らかにしてみたい。「権利」が中国では広く広まらなかったのである。「権利」という語がまだ定着しなかったもう一つの証拠は同時に多様な訳語が存在していたことにある。「権利」の生成を明らかにするために、『万国公法』の造語にこだわらず、同じ時期のrightの訳語に着目し、「利益」、「正当性」、「自主性」、「資格」という四つの要素が備わっているかどうかを評価の基準としてそれらの訳語の意味や競合関係を明らかにしようとする。さらに、「権利」概念の受容がなかなか進まなかった原因を「権利」という語に対する伝統的理解から探ってみたい。方法として、まず中国国家言語委員会古典中国語コーパスを利用して、古典中国語における「権利」の使用状況を描いてみる。そして、「権」と「利」の伝統的語感をめぐって、とくに先秦時代（秦以前、主として春秋戦国時代）の諸子（儒家、墨家、法家、道家など）の権利観を考察して、伝統的理解の実態を明らかにする。それと結び付けて、「権利」という語を創出した丁韙良の理解を推測してみたい。第二章になると、「権利」は生まれた後、日本ですぐ使われるようになった。『万国公法』が日本に伝わった後、日本の知識人がいかにして「権利」（あるいはその他の訳語）で英語の「right」、あるいはオランダ語「regt」、フランス語の「droit」やドイツ語の「Recht」に当てたかを考察する。そのうち、法律用語の翻訳に多大の影響を与えた津田真道、西周、加藤弘之、箕作麟祥などの啓蒙思想家を中心に「権利」の用例を収集し、権利の伝播のルートや意味のズレを探り、そして「権利」、「権理」、「通義」などいくつかの訳語の用例を併用する経験のある福沢諭吉の著作に焦点を当

て、「権利」と「権理」の対照をも視野に入れて、それらの訳語の競合過程や権利の変遷のルートを明らかにする。それを踏まえて、明六雑誌コーパスを利用して、「権利」、「権理」、「通義」、「権義」の使用状況を概観する。さらに、人権新説論争を通じて、自然法↔実定法という対立図式に基づいて「権利」の意味の変化を検討していく。最後、政府側の用例を、政府側と関係を持つ多くの啓蒙思想家の努力で権利の定着につながる実際状況を探求しようとする。第三章は逆輸入された「権利」を検討してみたい。まず訪日官民、留学生、日本書籍翻訳ブームなどの側面から日本語の影響を概観し、特に日本製漢語の移入をめぐる論争に注意を払ってみたい。そして、厳復や梁啓超などの中国知識人を中心にして、権利概念の受容と変容を分析してみる。「権利」に対する評価の文化的差異は大きく、西洋近代思想や明治思想とのズレは、単に誤解に基づくというより、文化的差異に関わるところが大きいと考えられる。さらに、民権論争における「権利」の意味の争点を掘り出し、「権利」の意味構造を分析してみよう。つづいて、『欽定憲法大綱』と『大日本帝国憲法』との比較を通じて、「権利」という語の定着を明らかにする。最後に、結論を出す。

1. 近代語「権利」の生成

　序章にも述べたように、近代語「権利」の起源についてかつて議論されていたが、今、初出が丁韙良訳『万国公法』にあるという点でほぼ一致している。本章はまず丁氏『万国公法』における「権利」の用例を取り上げ、その使用領域と意味特徴を分析してみる。ただ、この問題に関しては先行研究があるので、ここでは主に「権利」という語の生成過程に焦点を合わせることとする。近代初期の中国においては「権利」が丁氏『万国公法』に現れた後、すぐ中国に浸透したわけではなく、「権利」の他にも「例」や「道理」や「益処」、「分所当得」などの様々な訳語が競い合っていた。「権利」という語の生成問題を整理するには、丁氏『万国公法』後の「権利」の使用状況を考察し、また各種の訳語の用例を比較し検討する必要がある。すなわち、「権利」の初出資料を突き止めるだけでなく、その語がいかにしてつくられたかという造語論からの検討を行いたい。そして、「権利」という語が広く広まらなかった原因を「権利」に対する伝統的語感から探ってみたい。それを参照として、丁韙良の「権利」に対する理解を検討してみたい。

1.1　『万国公法』における初出例

　前に述べたように、英語 right を「権利」と訳した最初の例はアメリカ宣教師ウィリアム・アレクサンダー・パーソンズ・マーティン（William Alexander Parsons Martin、漢名：丁韙良、1827 － 1916）の『万国公法』（一・一・五）（1864 年刊行）[1] にある。例えば、「虎哥以国使之権利、皆出於公議。布氏雲、國使之有尊爵、而不可犯者、敬其君以及其臣。固本於性法、

---

[1] 『万国公法』初版の時期について、従来の研究の中で、1864 年 11 月と 1865 年 1 月との二説が存在している。

1. 近代語「権利」の生成

至於其利益之処、或本性法、或默許。……竊思布氏所言国使之権利、分为二種。」と。

　アヘン戦争の後、清朝とイギリスの間に結ばれた南京条約は、近代国際法に基づいた不平等条約であった。この条約の締結後、これをモデルとした条約を清朝は各国と締結した。清朝は華夷秩序と異なった新しい国際秩序に向かって、近代的国際法の取り入れを余儀なくされた。このような国際法への認識を改め、新しい国際秩序に参加するよう促す一助となったのが、『万国公法』であった。『万国公法』とは、国際法学者ヘンリー・ホイートン（Henry Wheaton, 1785 − 1848）の代表的な著作 Elements of International Law が漢語訳されたときのタイトル名である。ホイートンの国際法は、彼の死後も英米で多くの版を重ね、両大戦間にいたるまで権威的な学説として受け入れられた。そのスタンスは、自然法から実定法への移行期における、両者を折衷する学説（グロチウス学派）を示している。自然法学派は国際法を全世界に適用される普遍的な性格を強調する。実定法学派は国際法をヨーロッパ文明国の所産であり、文明国のみが当事者になるとする。文明国とはキリスト教諸国、丁韙良の言葉でいう「教を奉じる国」である[1]。これはヨーロッパの側からいえば、ヨーロッパによる帝国主義的な非ヨーロッパ地域への領土の制服や拡大を容認するものであり、それゆえ当時、多くの支持者を獲得することができたといえよう。丁韙良自身はこの『万国公法』に並々ならぬ自負をもっていた。「おのれの任地と決めた国の福祉を計るのは当然だと思っている宣教師にはまことにふさわしい」仕事であり、「神を知らぬ政府に、神と神の永遠の正義を認めさせるだろう」と信じていたのである[2]。

　一方、丁韙良訳『万国公法』刊行の目的について、恭親王愛新覚羅・奕訢（1832 − 1898）は上奏文の中で次のように述べている。

---

[1] 井上勝生「万国公法」、田中彰編『日本近代思想大系1　開国』岩波書店、1991 年、474 − 475 頁。
[2] ジョナサン・スペンス『中国を変えた西洋人顧問』講談社、1975 年、第五章「マーチンとフライヤー ──ランプの芯切り」、164 頁。

「思いますに、外国人は口語であれ文語であれ、中国語の修得を心がけて
おります。なかでも狡猾な者は、中国の典籍の研究に没頭しております。事
件が起こって議論になりますと、中国の制度や法律を援用して詰問してまい
ります。こちらもことあるごとに、むこうの先例に依拠して論破したいと
思っておりますが、いかんせん外国の法律はすべて横文字で、まったく読め
ませんし、同文館の学生にしても、習熟には時間がかかります。西洋諸国が
非難しあったとき、頃合をみはからって調べましたところ、『万国律令』なる
書物があることを知りました。……そんなときちょうど、アメリカの公使
バーリンゲームがまいりまして、各国は『大清律例』を翻訳しました。外国
にも通用する法律があって、中国語が出来るマーチンが最近これを漢文に翻
訳しましたので、ご覧にいれることができます」[1]と申しました。

　恭親王は『万国公法』の存在を知るにいたった経緯をこのように紹介して
いる。恭親王としては、欧州の万国公法を掌握し使いこなすことによって、
中国の権利を守ろうとする意図があった。

　丁韙良訳『万国公法』は東アジアに本格的に国際法を紹介した最初の書物
である。本書は国際法の何たるかを東アジア諸国に伝え、各地域の国内政治
改革や外交に多大な影響を与えた。特に日本では、最初に刊行された清朝よ
りも大きく素早い反応を生みだし、幕末明治維新に及ぼした影響は無視でき
ないものがあった。

　次に『万国公法』の原文と訳文[2]を対照しながら「権（利）」の意味を考察
していく。

---

[1] 原文：竊査中国語言文字，外国人無不留心学習。其中之尤為狡黠者，更於中国書籍，潜心探索，往
往辯論事件，援據中国典制律例相難。臣等毎欲借彼国事例以破其説，無如外国條例，倶係洋字，苦
不能識，而同文館学生，通曉尚須時日。臣等因于各該国互相非毀之際，乗間探訪，知有《萬国律
例》一書，……適美国公使蒲安臣來言各国有將《大清律例》翻出洋字一書，並言外国有通行律例，
近日經文士丁韙良譯出漢文，可以觀覽。『同治朝籌弁夷務始末』巻二十七，25 − 26 頁。『新編原
典中国近代思想史 2 万国公法の時代』（岩波書店、2010 年）23 頁の総理衙門「万国律例の刊行を
要請する上奏文」（岡本隆司訳）。
[2] 原文と訳文の出自は楊焯：《丁译《万国公法》研究》付録、法律出版社、2015 年。

1. 近代語「權利」の生成

	原文	訳文
1	The privileges of ambassadors, which Grotius supposes to	虎哥以国使之權利
2	The distinction here made, between those privileges of ambassadors	竊思布氏所言國使之權利，分為二種
3	In treating of the question as to the competent judicature in cases affecting ambassadors	论国使之權利
4	Huberus asserts that ambassadors cannot acquire or preserve their <u>rights</u> by prescription	胡北路所雲國使之<u>權利</u>，不能因日久，便欲堅守不讓也；
5	I hold the rule to be general as to every privilege of ambassadors,	但余意國使，凡百之<u>權利</u>皆然；
6	In its application to the collective societies of men called nations or states.	故其名分權利亦有不同。
7	and those private relations which Sovereign states recognized in respect to individuals,	並各國所認他國人民通行之權利者，一也；
8	These relations give rise to that branch of the science which treats of the <u>rights</u> of sovereigns in this respect,	則公法中有一派專論此等<u>權利</u>也。
9	Become the subjects of this law in regard to <u>rights</u> growing out of their international relations with foreign sovereigns and states, or their subjects and citizens,	有時亦同歸公法審斷，蓋有<u>權利</u>與他國君民有關涉也。
10	such recognition becomes essentially necessary to the complete participation of the new state in all the advantages of this society.	他國若不認之，則此等權利不能同享也。
11	it neither loses any of its <u>rights</u>,	于其曾享之<u>權利</u>無所失，
12	entitled to the <u>rights</u> of war against its enemy;	可享交战之<u>權利</u>，
13	the intervening State becomes entitled to all the <u>rights</u> of war against the opposite party,	助之之國攻敵，即可享交戰之<u>權利</u>。
14	The free exercise of those <u>rights</u> which war gives to public enemies against each other;	彼此俱用一切交戰<u>權利</u>，
15	But the exercise of those <u>rights</u>, on the part of revolting colony or province against the metropolitan country,	但叛民或屬國攻本國，其得用此<u>權利</u>與否，
16	allowing to both contending parties all the <u>right</u>	聽戰者彼此俱用交戰之<u>權利</u>，
17	and who, therefore, are entitled to the same <u>rights</u> as other independent States.	故當以他國自主之<u>權利</u>歸之，

18	Lose the rights and privileges sovereign states.	自主之權利归之也。
19	Charter accorded by the Emperor Alexander to the kingdom of Poland, in 1815.	继得国法權利
20	All the members of the confederations, as such, are entitled to equal rights.	盟内各邦權利一歸均平。
21	"Whatever," as Sir James Mackintosh said, "a nation may lawfully defend for itself,	英國公師麥金托士雲："各國為己保護何等權利,
22	nor the constitutional rights of the other Cantons.	亦不得或犯他邦之權利。
23	it may defend for another people,	亦可保護友國何等權利也。"
24	in respect to the personal rights and civil state and condition of its citizens,	定己民之分位、權利等情,
25	and of determining the state and capacity of all persons therein,	可定疆内之人何等分位、何等權利,
26	would exclude the equality of rights among different States, and the exclusive sovereignty which belongs to each of them."	亦不得專操其權,而各國之權利不得均平,
27	other States regard certain rights to be so absently inherent in the quality of citizens as to exclude foreigners from them;	或以己民本有權利外人不得同享者有之;
28	as far as they do not occasion a prejudice to the rights of other States and their citizens.	惟不得與各國人民之權利有所妨礙,
29	also extends to the regulation of the personal rights of the citizens of the State,	以限定人民之權利, 分位等事。
30	I. Laws relating to the state and capacity of persons.	第一種, 乃限定人民之分位、權利也。
31	In general, the laws of the State, applicable to the civil condition and personal capacity of its citizens,	本國律法制己民之分位、權利者,
32	and to confer upon them the privileges of their acquired domicile.	並可以土著之權利授之。
33	entitled to all the commercial privileges of his acquired domicile and citizenship.	均得享其住家、人籍之地所有通商之權利。"
34	and be entitled to all the advantages of trade conceded between his native country and that foreign country;	則英所允准美民之權利, 該人亦可享之。
35	would not deprive him of those advantages.	我不失其權利也。"
36	that the law of that place governs in every thing	如於他國並其人民之權利也無妨害,

37	or by the laws of another State relating to the personal state and capacity of its citizens.	若應以本國之律制人民之分位、權利者而斷案，則其例亦不行。
38	where it would injuriously conflict with the laws of another State relating to its police, its public health, its commerce, its revenue, and generally its sovereign authority, and the rights and interests of its citizens.	他國之主權、貿易、徵稅、人民權利、內治安泰有所妨害，則不行。
39	not of granting to a foreign minister a privilege which he would not otherwise possess.	非以何等權利賜他國使臣，
40	he shall possess those privileges which his principal intended he should retain, privileges which are essential to the dignity of his sovereign, and to he duties he is bound to perform.	某君欲存何等權利，以保國體、行本任，該使臣均可存之也。
41	it must be because they forfeit the privileges annexed to his character;	必因其獲罪以廢使臣之權利也。
42	has surrendered the immunities granted on those conditions;	即為擅棄國君所許之權利，
43	Without doubt, a military force can never gain immunities of any other description than those which war gives, by entering a foreign territory against the will of its sovereign.	雲：兵之無准而過疆也，若非強佔，則不因而增加權利明矣。
44	It would seem reasonable, that every immunity which would be conferred by a special license, would be, in like manner, conferred by such general permission.	特准者應得何等權利，憑其總准而過者亦應得之。
45	It might, however, well be questioned whether any other than the sovereign of the State is capable of deciding that such military commander is acting without a license.	如此背例，亦不應得何等權利，但其特准與否，全由國君自定，兵旅總歸此例。
46	a clear distinction was to be drawn between (1)	則其聽憑水師、兵船之權利，(3)
	the rights accorded to private individuals, or private trading vessels, (2)	与民船、商船（2)
	and those accorded to public armed ships which constitute a part of the military force of the nation. (4)	自應有別.'（1)
47	the immunities (2),	应得何等權利，（2)
48	was an interference with the <u>rights</u> of other nations;	則為干犯他國之權利。

49	attended with civil disqualifications in his own country,	而削其为民之權利,
50	Extent of the judicial power over foreigners residing within the territory.	第十九節　疆內因人民權利等爭端審權可及
51	to all controversies respecting personal <u>rights</u> and contracts, or injuries to the person or property,	凡因人之<u>權利</u>約據屈害而起爭端,
52	are entitled to all civil <u>rights</u>,	即与本民同享<u>權利</u>,
53	in order to be received in that character, and to enjoy the privileges and honors attached to his rank,	則不能以使臣之禮儀權利歸之。
54	14. Privileges of a public minister	第十四节 国使權利
55	by which the minister, though actually in a foreign country, is supposed still to remain within the territory of his own sovereign.	其駐紮外國，權利與在本國等，
56	as he may renounce <u>any</u> other privilege to which he is entitles by the public law.	普公法所賜國使權利，<u>無不可通融</u>之事。
57	was no breach of the law of nations, as to the privileges of ambassadors.	並非犯國使之權利也。
58	he may abuse the passage.	遂疑其將用過疆之權利以恣橫行，則禁而不許可也。
59	who, in attempting to pass through <u>Hanover</u>, was arrested and carried off a prisoner to England.	路過英君所治小國，小國之人即擒送英國，此不為犯國使之權利也。」
60	to this example is furnished by Bynkershoek himself. 'The only reason,' says he, 'alleged by the States-General for this proceeding was, that this ambassador had not presented to them his letters of credence.' This reason, (continues Merlin,) is not the less conclusive for being the only one alleged by the States-General.)	如前瑞威敦國使本駐倫敦，有圖害英國之事，于路過荷蘭時，英君托荷蘭代捕送交，荷蘭遵照而行焉，此不為犯國使之權利，蓋其人並未以國使文憑示荷蘭也。」
61	22. Consuls not entitled to the peculiar privileges of public ministers.	第二十二节 領事權利
62	Whatever protection they may be entitled to in the discharge of their official duties, and whatever special privileges may be conferred upon them by the local laws and usages, or by international compact,	各處律例及和約章程或准外額外賜以權利,
63	they are not entitled, by the general law of nations, to the peculiar immunities of ambassadors.	但領事等官不與分萬國公法所定國使之權利也。

1. 近代語「権利」の生成

64	he still remains entitled to all the privileges of his public character	犹可享国使之權利，
65	Although in strictness the personal privileges of the minister exprire with the termination of his mission by death,	國使既卒，其權利當絶。
66	Any they guarantee all kingdoms, provinces, states, <u>rights</u>, and advantages, which each of the parties at the signing of that treaty possessed, confining this guarantee to Europe only.	又保各國立前約時所有之屬邦，省部權利在歐羅巴無所損減。
67	as entitling both the contending parties to all the <u>rights</u> of war	均得交战之<u>權</u>利。
68	unless actually taken in arms,	第带兵仗交战，
	or guilty of some misconduct in violation of the usages of war,	或别犯交战条规者，
	by which they forfeit their immunity.	即失此權利。
69		則皆不得恃此權利倖免。
70	and to vindicate its neutrality	此乃保護局外者之權利故也。
71	except in cases where its own neutral jurisdiction and sovereignty have been violated by the capture.	蓋除干犯局外權利之案，
72	such are the usual stipulations	即如定款，
	for the security of the religion	准城内人民遵自己教规，
	and privileges of the inhabitants,	享自己權利
73	and who are not bound to either by any alliance. If they are so bound, they are no longer neultrals but allies."	蓋按公法而論，局外者本有權利，自不可犯。
74	the latter secured to herself two special privileges in the American ports:-	法國因此得格外權利二款：
75	Great Britain and Holland still complained of the exclusive privileges allowed to France in respect to her privateers and prizes,	英國、荷蘭於是評斥美國所准法國第一款之權利偏而不公。
76	whilst France herself was not satisfied with the interpretation of the treaty by which the public ships of her enemies were admitted into the American ports.	法國亦謂美國准我敵進口，此舉<u>非</u>從友誼而解第二款之權利也。
77	on the part of the other belligerent power, provided the same privilege is granted to him,	若准战者俱各得此權利，
78	Does this immunity of the neutral territory from the exercise of acts of hostility within its limits,	或問局外之國所享權利，

| 79 | is concession made by the neutral to the belligerent, | 而局外者許其可捕，即是自願退讓其權利。 |
| 80 | Nor does it affect private injuries unconnected with the causes which produced the war. | 且彼此人民戰前所有權利，所受屈抑，如非戰爭之故，和約即與之無涉。 |

　「権（利）」は一律に right の訳語として使われるわけではなく、英文の power、privileges などの訳語に当たられている[1]。権利の近代的意味は生まれながらにして複雑性を持っており、西洋語と一々対応するものではないことがわかる。right（「権利」）と power（「権力」）とは本来、緊張関係にあるにもかかわらず、「権」の一字を共有しているということである。つまり、この「権」の語は right と power の両方の訳語であったことからすれば、両者の区別と連関を説く論理が曖昧にされがちになる。丁韙良訳『万国公法』で採用された翻訳語「権利」（および「権」）は果して原語 right、regt の本来の意味を正しく反映しているといえるであろうか。この点を原語の語源的意味にまで遡って解明しようとしたのが野田良之である。なかでも興味深いのは、古代ギリシア、ローマでの「原義」の検討から、「丁韙良は何故 right に「権利」の字をあてたのか」という問題にたいして次のように評論している点である。すなわち「おそらくは、それだけですでに利益主張的な意味をもつ権の字に、『right とは一定の利益主張である』という当時の欧米で一般に行なわれていたところに従って、これを表わすために、利の字を結びつけたのではないか」と推測したのち、「しかし、この結果、right の有する、jus の原義にまで遡るこの語の真意—正とか直—は全く文字の上では表されないことになった」[2]と指摘している。丁韙良自身も 1877 年出版の『公法便覧』では、権（利）について次のように説明している。

---

[1]　王健：《溝通兩個世界的法律意義 --- 晩清西方法的輸入語法律新詞初探》、中国政法大学出版社、2001 年、167 － 169 頁を参照のこと。

[2]　野田良之：「権利という言葉について」、『学習院大学法学部研究年報』、第 14 号、1979 年、22 頁

公法既別為一科，則應有専用之字様。故原文内偶有漢文所難達之意，因之用字往往似覺勉強。即如一"權"字，書内不獨指有司所操之權，亦指凡人理所應得之分，有時增一"利"字，如謂庶人本有之<u>權利</u>。云云。此等字句，初見多不入目，屢見方知不得己而用之也[1]。（公法は別にして一つの科目となるからには、専用の用語があるべきである。原文にはたまに漢文の表しづらい意味があるため、用語が往々にして無理のように見える。たとえば権という字は本の中で有司のつかさどる権を指すだけでなく、すべての人の理にあって得るべき分も指す。時に利という字を加えると庶民のもともとあるべき権利を指すなどなど。これらの字句ははじめてみると、目に入りにくいものが多い。しばしば見てはじめてやむなく使わなければならないことを知るようになる。）

「一科」、「専用」という語は「万国公法」（国際法）という独立した学科が専門用語を使って概念を表す必要があるという丁韙良の認識を示している。また、「権」という字はもともと有司が持っているものであったが、「凡人理所応得之分」にあてられて、「庶人本有之權利」を指すようにされる。それを西洋語の訳語として漢文の持っていなかった意味が作り出されてきた。また、国際法分野に「権利」が作り出されてこそその力の側面がクローズアップされるようになった。なぜかというと、国際関係の分野に国家の実力をぬきにしてはなんにもならないからである。

1.2 『万国公法』後の使用状況

「権」という字は丁韙良の造語で、right の意味を付与されたほかに、power の意味を持ち続けているのは疑いない。「権利」という新しい造語は中国の政治コンテキストに溶け込むには数十年間を費やした。『万国公法』以後の長い間、「権利」という語はやはり国際法分野に限って使われた。

---

[1] 《公法便覧》凡例、9 條。

1.2.1　丁韙良及びその周辺

　丁韙良は、1865 年にアメリカ公使バーリンゲームとイギリス参事官トーマス・フランシス・ウェード（Thomas Francis Wade, 1818 － 1895、漢字名・威妥瑪）の推薦を受け、「同文館」[1]の英文教習（＝教師）の職を引き受け、30 年もの長い間にわたって同文館に勤めた。しかもそのうち 25 年は総教習（＝校長）として学校の運営まで担った[2]。丁韙良氏の主導の下で『星軺指掌』（1876 年）、『公法便覧』（1877 年）、『公法会通』（1877 年）などが次から次へと訳出された。それらの公法訳著においては right がいずれも「権利」と訳された。例えば、『公法便覧』では、「平行相等というのは各国の権利について言うのである。あらゆる自主の国は新旧、大小、君政、民政を問わず、その権利が同じで、秤の公平のように喩えることができる」[3]と書かれている。

　また、光緒四年（1878 年）科挙公法学試験問題[4]にも「権利」という語が出題された。それは実は丁韙良の出した問題であった。

---

[1] 総理衙門というのは 1862 年に創設した外国語学校である。
[2] 周圓：『丁韙良の生涯と「万国公法」漢訳の史的背景』、一橋法学，9（3）、276 － 277 頁。
[3] 原文：“所謂平行相等者，乃指各国権利而言，凡自主之国，無論新舊、大小；民政、君政，其權利相等，如衡之平焉。”（美）呉爾璽原著：《公法便覧》卷一、丁韙良等譯同文館版、1877 年、23 頁。
[4] 原文：光緒四年（1878 年）各科歲試題・公法学
　遣使之權自主之国皆有之，何以辯之？
　此国遣使彼国，有拒而不接者，其故何也？
　使臣有四等，試言其序。
　遇更易国主，駐京使臣位次何以定之，其定法不一，而各有成案，試言之。
　頭等公使得邀破格優待之禮，試言其概。
　公使權利之尤要者，試言之。
　公使職守，其尤重在何事？
　各国議立條約，所論何事居多？
　公使偶不安分，有遣之出疆者，系因何事？並引以成案。
　公使停職其故有七，試述之。
　《同文館題名録》光緒 5 年（1879 年）刊，25 － 30 頁。

1. 近代語「権利」の生成

　自主の国にはみな使節を派遣する<u>権</u>があるという意見に何をもって判断するだろう。

　この国が彼の国に使節を派遣しようとするが拒絶されることがある。その原因は何であろうか。

　使臣に四つのランクがある。その順序を言いなさい。

　国主が変わる度に、北京駐在の使臣の順位は何をもって定められるか、その決まり方は一様ではなく、各々すぐれている先例がある。述べてみなさい。

　一等公使が破格の優遇の礼を得ることについて、その概要を言いなさい。

　公使<u>権利</u>のもっとも重要なものについて言いなさい。

　公使職責のもっと重要なものは何事か。

　各国の間に条約締結の交渉が行われる場合、何事が一番議論されているか。

　公使がたまに自分の身分をわきまえないで駐在国から駆逐されることがあるゆえんはなんであろうか。例をあげて論述しなさい。

　公使停職の原因に七つある。述べなさい。

　同じように、光緒 12 年（1886 年）各科大考題・公法試験問題[1]にも：

　（1）海上で外国の船舶を取り調べる場合に、四つの制限がある。論じなさい。（2）取り調べる<u>権</u>はよく条約で制限されている。一、二例を挙げて論述しなさい。（3）国はその自己保護の<u>権</u>を任せて、局外の旗を無視して、船舶を追跡して逮捕する案例はどうであろうか。（4）イギリスとアメリカは黒人奴隷の販売を禁止する法律を制定する。その粗筋は何であろうか。アメリカとイギリスの間に二回目の争いが引き起こる原因には二つある。述べてみな

---

[1] 原文：(1) 海上盤査他国船隻，限制有四，試論之；(2) 盤査之權毎有條約範圍之，試述其一二；(3) 邦国任其自護之權，不理局外旗號，而追捕船隻者其例案若何？(4) 英美兩国設法禁絶販賣黑奴之事，其大端若何？(5) 美国與英国第二次啟釁其故有二，試言之。
《同文館題名録》光緒 5 年（1879 年）刊，光緒 13 年（1887 年）刊。轉引自王健；《中国近代的法律教育》（博士論文），中国政法大学出版社 1999 年，78 頁。[2] 汪觀藻、鳳儀、左秉隆、德明譯，丁韙良鑒定：《同文館題名録》光緒 5 年（1879 年）刊，光緒 13 年（1887 年）刊。

さい。

1.2.2　王韜

当時の知識人も「同文館」の「権利」用例から影響を受けた。19 世紀 80
年代から 90 年代にかけて、「権利」という語を使う例も若干現れてきた。

王韜は『除額外權利』[1]（『法外な権利を廃止しろ』）というテーマで開港場
における外国人の特権を論じた。即ち、「だいたい私たちは法外な権利を争そ
うには、軍隊を派遣したり、威力を振るったりする必要がなく、ただ壇坫（交
渉会議の席上）の間で折衝したり、敦盤の会（外交の場）にゆったり臨んで
いるだけでいい。事の成否は度外視されるべきである。西洋の法律をもって
相手と弁論を繰り返し、彼の矛で彼の盾を突くようにさせるということであ
る。この間、イギリスの使者である阿利国（Rutherford Alcock）に内地に
入って貿易を行うよう申し込まれて、総理衙門も法外な権利を廃止しろと交
渉したが、その事は結局成り立っていない。だいたい法外な権利はヨーロッ
パにないが、トルコ、日本と吾が中国にある。そうすると、中国で商売をし
ている西洋の商人ないし宣教師、税関の役人に何かあったら、わが国はそれ
を治める権利がない。これは吾が官民が必ず争うところで、忠君愛国の情熱
よりかきたてられたものでもある。したがって、内地で通商することは争わ
なくてもいいが、法外な権利は争ってみるどころか、繰り返して争わなけれ
ばならない。これは争うべきことを争うことで、公平であり、正しいことで
ある」[2]と。

---

[1]　1882 年か 1883 年に書かれたものであると考えられる。

[2]　原文："夫我欲爭額外權利者，不必用甲兵，不必以威力，惟在折衝於壇坫之間，雍容於敦盤之會而
已。事之成否，不必計也，而要在執持西律以與之反復辯論，所謂以其矛陷其盾也。向者英使阿利
国以人内地貿易為請，總理衙門亦以去額外權利為請，其事遂不行果。夫額外權利不行於歐洲，而
獨行於土耳機、日本與我中国。如是則販售中土之西商，以至傳道之士，旅處之官，苟或有事，我
国悉無權治之。此我国官民在所必爭，乃發自忠君愛国之忱，而激而出之者也。故通商内地則可不
爭，而額外權利則必屢爭而不一爭，此所謂爭其所當爭也，公也，直也"。王韜:《除額外權利》,弢
園文錄外編．北京：中華書局，1959.10.，89 － 90 頁。

1. 近代語「権利」の生成

1.2.3 『申報』[1]コーパスにおける「権利」の使用例

　上では翻訳者や思想家の用例を挙げた。それはやはり個別の用例に過ぎない。「権利」の使用状況の全貌を概観するために、『申報』における「権利」の用例（『申報』コーパス（南開大学コンパス内限定））を分析してみよう。

日付	例文	意味
1872-05-21（03版） 附録香港新報	兵船所能領之額外權利者，郵船亦可能領，以傳遞郵報原為要務所關，其現行之期斷不能阻滯。	兵船の権利（外交上の権利）
1872-10-05（03版） 附錄香港華字日報	況乎二國在向時本非共敦和好各釋猜嫌以禮相維繫以信義相孚，所爭者權利，所奪者土疆，所欲得者榮名。	国家権利
1877-10-11（01版） 中國宜多請西人查礦說略	以每日出礦若干而核計成本幾何，由是類推，雖銷售無定而權利有數。	利を権する（金儲けをする）
1881-09-04（03版） 古巴領事德政	至華人之公堂上無論罪案或錢債案，其所得權利以及控訴之法，均與相待最優友睦之國人民一樣。	華人の権利（外交上の権利）
1886-02-25（01版） 論朝鮮貸銀事	該公司獨得權利五年後，方准各家輪船轉輸雲。	公司の権利（集団の権利）
1887-01-16（02版） 钦宪批词	若但知速設領事而于華商之權利，彼族苛政未能鞭辟入裡，仍虞柄鑿衣琅蘇祿兩島情形如是 ...	華商の権利
1891-12-17（02版） 再行照会	此乃理事官素有之權利業，已辦理多年。	官僚の権利
1892-12-11（02版） 招办船务	該合同者即系將本合同所准之權利概行註銷，如該承接人不服，可於大西洋管理水師外洋屬地尚書處上控。	契約上の権利

　「権利」という語はもともと国際法の分野で right の訳語として当てられていた。1895 年までの「権利」は主として西洋国際法の訳著や外交文書や外

---

[1] 中国、清末民国期の日刊紙。同治 11 年（1872 年）、イギリス人 F. メージャーが上海で創刊。1949 年 5 月に廃刊された。創刊当初は、小型の隔日刊であったが、やがて日刊に改め、編集を刷新。

交官の日記に現れている。『申報』コーパスの用例から見ても、その使用範囲は依然として国際法の関連分野に限られている。その意味もほとんど変わっていない。それは「権利」という語が国家主権と緊密な関係を持っていることを反映しているのである。言い換えれば、国家の利益を主張する場合に権利がよく使われている。19世紀中末期の国際環境に置かれて、国家利益の得失はある意味で実力次第だと考えられた。それゆえ、権利にpower（権力）の匂いがまとわりついているのも不思議ではないのである。

1.3 清朝末期におけるrightのいくつかの訳語

　実は『万国公法』の前後、少なくとも1895年までに、「権利」がrightの唯一の訳語として使われていたのではなく、いくつかの訳語が併用されていた。以下、そのいくつかの訳語と「権利」の比較考察を通じて「権利」の意味内包を究明しよう。

1.3.1 「例」や「例応」や「道理」

　近代中国が西洋法を輸入するのは、アヘン戦争の前後にさかのぼる。1839年に林則徐はイギリスに対抗するためアメリカ宣教師伯駕（Peter Parker, 1804 − 1889）と袁徳輝を命じてスイスの法学者ヴァッテル（E. de Vattel）の著作『国際法』の一部を『各国律例』として翻訳した[1]。その後、「滑達爾各国律例」（ヴァッテル万民法）という題で魏源『海国図志』（1852年）83巻「夷情備采下」に収められた。ノルウェーの学者であるロナーの調査によると、rightは伯駕の訳本において9箇所現れ、袁徳輝の訳本において22箇所現れる。伯駕はrightの適当な訳語が見当たらず、「当……之例」や「欲……」などで文章の改訳を行った。例えば、「賦予人们使用武力之權」は「人人皆欲

---

[1] 川尻文彦：「『万国公法』の運命 : 『近代における日中間の「思想連関」の観点から』、愛知県立大学外国語学部紀要．言語・文学編（49）、146頁、2017年。

1. 近代語「権利」の生成

战」と訳され、「维护自己的權利」は「欲自保其身护其地」に訳された[1]。袁
徳輝は一つの術語で right を訳そうとして、「道理」（あるいは「理」）を選定
した。文章の初めから終わりまでで道理が 12 箇所現れた。ただ文章の最後の
二つの段落においてはその語が使われていない。

番号	英文原文[2]	伯駕の訳文[3]	袁徳輝の訳文[4]
1	Every state has consequently a right to prohibit the entrance of foreign merchandize, and the nations that are affected by such prohibition have no right to complain of it;	嘗思各國皆有當禁外國貨物之例,其外國不得告訴委曲而違此禁	各國有禁止外國貨物,不准進口的道理。貿易之人,有違禁貨物,格於例禁不能進口,心懷怨恨,何異人類背卻本分,最為可笑。
2	WAR is that state in which we prosecute our <u>right</u> by force. We also understand, by this term, the act itself, or the manner of prosecuting our <u>right</u> by force	打仗者,是我們出於不得已,強逼而應有此事也。	兵者,是用武以伸吾之<u>道理</u>。
3	The sovereignty is the <u>right</u> to command in the whole country	該當なし	國家撫有天下。
4	If a private person intends to persecute his right against the subject of a foreign power, he may apply to the sovereign of his adversary, or to the magistrates invested with the public anthority.	該當なし	私自所欲伸之<u>義理</u>,欲與外國人爭論,先投告對頭之王或有權之大官,設或都不伸理,可奔回本國稟求國王保護。

---

[1] 王健の見方によると、伯駕がこのように Right を訳したのはモリソン字典の訳し方の影響を受けたということである。王健：『溝通兩個世界的法律意義—晩清西方法的輸入與法律新詞初探』、中国政法大学出版社 2001 年、109 － 110 頁參照。

[2] E De Vattel:The Law of Nations: Or Principles of the Law of Nature Applied to the Conduct of Nations and Sovereigns,PHILADELPHIA:T. & J. W. JOHNSON & CO., LAW BOOKSELLERS,No. 535 CHESTNUT STREET. 1883.

[3] 魏源撰：《四庫家藏 海国圖志 3》、濟南：山東畫報出版社、2004 年 1 月、1237 － 1238 頁。

[4] 魏源撰：《四庫家藏 海国圖志 3》、濟南：山東畫報出版社、2004 年 1 月、1238 － 1239 頁。

5	Thus the sovereign power alone is possessed of authority to make war. But, as the different rights which constitute this power, originally resident in the body of the nation, may be separated or limited according to the will of the nation (Book I. § 31 and 45), it is from the particular constitution of each state, that we are to learn where the power resides, that is authorized to make war in the name of the society at large. The kings of England, whose power is in other respects so limited, have the right of making war and peace.1 Those of Sweden have lost it.	該当なし	如此，惟國王有興兵的權。但各國例制不同，英吉利王有興兵講和的權，綏領王無有此權。

　「例」や「道理」といった訳語は right に含まれている「正当性」に合致すると考えられるが[1]、その意味が広くて曖昧さを免れがたい。国際法を中国の倫理言語で訳した伯駕と袁徳輝は国際法問題を人間関係問題に転換させたのである。それゆえ、法律は客観的問題から感情の問題へと変わっていった。つまり、二人は中国の伝統的観念や術語で西洋の事物を喩えるのである。

　これと対照的に、フランス語 droit が『法国律例』（『フランス律例』）で「例応」[2]と訳される場合がある。『法国律例』（『フランス律例』）は同文館フランス語教習畢利幹（A. Billequin）の訳書で 1880 年に出版された。フランス語 droit には「権利」と「法律」という二つの意味がある。『フランス律例』では、「権利」という意味に使われる場合に、みな「例応」に訳された。例えば、「第一章、论人应享受之例应系于法人分中可获者（人間が享受すべき

---

[1] ［ノルウェー］魯納：中国政治話語中的"權力"與"權利"、［德］郎宓榭、阿梅龍、顧有信編：《新詞語新概念：西学譯介與晚清漢語詞語之變遷》、趙興勝等譯、山東畫報出版社 2012 年版、133 頁。

[2] 「例応」は先例にしたがって何々をすべきだという意味であると思われる。例えば、「都省已除人員、例応到任（先例にしたがって着任すべきだ）、若有違限一年者、听別行補注。」（『元史』）。

1. 近代語「権利」の生成

例応は法人の分で得るものであることを論じる）」、「第八条、凡无论何项法国之人均可身沾分中可获之例应（どんな項目でもフランス人はいずれも分の中で得ることができる例応を受けることができる）」[1]と。『漢法合璧字典』も畢利幹（A. Billequin）によって編纂されたものである。droit という見出し語には「正直」、「法」、「例応」、「儀」などの意味があるが、「権利」は盛り込まれていない[2]。

1.3.2 「権」や「益処」

　『海国図志』においてもう一つ注意してほしいのは袁徳輝訳本の最後からの二段落目に「権」が3箇所現れる点である。それらの「権」はそれぞれauthority、right と right に当たると考えられる。ロナーの推考によると、その段落は袁徳輝が訳したものではないという可能性があるそうである[3]。しかし、それは right が「権」と訳された初出の例だと思われる。

　そのほか、イギリス人宣教師のロバート・モリソン（Robert Morrison、漢名：馬禮遜、1782 － 1834）が編纂した"A Dictionary of the Chinese Language"（『中国語字典』）全6巻（1815 〜 23 年刊行）の中には，「mortal‐power 」の訳語として「人之権」という当て字が用いられている[4]。また1866 － 69 年の W・ロプシャイト（Wilhelm Lobscheid、漢名：羅存德、1822 － 1893））の"An English and Chinese Dictionary"（『英華字典』）（1866 － 1869）において right の意味として「prerogative 格外之權、異常之權」や「legal power 權」という項目が盛り込まれている。それだけでなく、「to maintain one's RIGHT 揸權、執權」や「the RIGHT of citizens 百姓嘅權、

---

[1] 畢利幹口譯、時雨化筆述：《法国律例・民律》、同文館刻本、1880 年。
[2] 畢利幹編撰：《漢法合璧字典》、北京排印本、1891 年。
[3] ［ノルウェー］魯納：中国政治話語中的"權力"與"權利"、［德］郎宓榭、阿梅龍、顧有信編：《新詞語新概念：西学譯介與晚清漢語詞語之變遷》、趙興勝等譯、山東畫報出版社 2012 年版、134 頁。
[4] 班偉：清末における「権利」観念の受容―梁啓超の権利論を中心に―、『山陽論叢』（山陽学園大学）6 、1999 年、47 頁。

民之権」などの例文もある。それらの訳語や例文はrightが「権」に当てられていることを示しているが、それは権がrightの訳語として定着していることを意味しない。なぜなら、同じ字典にも「I have a RIGHT to it 實係我嘅、實屬我的、義屬我的」、「in his own RIGHT 生而係佢嘅、生而屬他的」などの例文もあるからである。つまり、rightには決まった訳語がないのである。

前にも述べたように、「権」は多義性を持っている。"A Dictionary of the Chinese Language"(『中国語字典』)(1815 - 1823)、『五車韻府』(1865)[1]には 権 に つ い て Power;authority;temporary or peculiar circumstances which like authority compels one to deviate from a regular course,hence という説明があり、また 1848 年 W・H・メドハースト(Walter Henry Medhurst、漢名：麦都思、1796 - 1857)"A Chinese and English Dictionary"(『漢英字典』)(1842)において「権」字の項目にa weight,to weight even,to equalize;authority;to take charge of an office などがある。

また、《各國交渉便法論》[2]はフィルモア・ロバート(Phillimore Robert、漢名：費利摩・羅巴德 1810 - 1885)著 Commentaries upon International Law(《國際法評論》)の第4巻がジョン・フライヤー(John Fryer、漢名：傅蘭雅、1839 - 1928)などによって翻訳編集されたもので、第4巻のサブタイトルは "Private International Law and Comity"(国際私法と礼節)で48章からなっている。そこでは、right という語にも二つの訳し方がある。第 37 章までは、Right はたまに「権」と訳されたほかに「応得之益処(得るべき利益)」あるいは「益処(利益)」に訳された。例えば、Rights of Things は「物権応得之益処(物権において得るべき利益)」と訳され，Rights of

---

[1] 『五車韻府』(1865) は "A Dictionary of the Chinese Language"(『中国語字典』)の PART II である。
[2] 約 1899—1902 年刊行。趙少峰:《江南製造局翻譯館與晚晴西史譯介》、学術探索、2010 年 5 期、89 頁。

34

property は「産業応得之益処（産業において得るべき利益）」と訳された。ほかに、

① 原文：Each person has his own sphere of <u>rights</u> limited and circumscribed by the <u>rights</u> of others.（人それぞれの権利は他人の権利を境界線とする。）

訳文：凡人各得之<u>益處</u>，亦為別人応得之<u>益處</u>。（第 29 章第 595 款）

② 原文：The <u>rights</u> relating to obligations are of different kinds. With respect to them, individual liberty has far wider scope.（義務と関連のある権利には異なった種類がある。これらの権利にとっては、個人自由にはもっと広い範囲がある。）

訳文：至於分当為之事，所有<u>益處</u>，其種類不同。而人能自主之界限亦寛。（第 29 章第 598 款）

また、「権利」という語が訳されずに省略されることも多い。例えば

③ 原文；It recognizes the equality of <u>rights</u> between the foreigner and native subject.（外国人と自国公民の間には同等の権利があることは承認されている。）

訳文：其視外民與本國之民無疑。（第 34 章第 660 款）[1]

　もともと、権は権力や権威の意味として使われているのが普通である。right の意味を加えると、権は権力の意味にも権利の意味にも取れてその意味がさらに拡張されるようになる。「権」が個人の力の行使が許される固有の合法的（あるいは礼に合致する）範囲であり、それを認める原理だと理解されたかどうかは別である。伝統思想は、「権」を規範には背くが現実的には許される臨機応変の処置とも解して来たからである[2]。中国人と欧米人は地理環境、行動様式、価値観や思惟方法などの面においてそれぞれの特徴を持っている。ゆえに異なった文化の容器とされた中国語とインド・ヨーロッパ語

---

[1] 俞江：《近代中国民法学中的私権理論》、北京：北京大学出版社、2003 年、86 － 90 頁。

[2] 小林武、佐藤豊：『清末功利思想と日本』、研文出版、2012 年、31 頁。

にも大きな差を示している。両者は文法構造や統語表現において異なっているだけでなく、用語の意味も異なった文化の背景によってもっと大きな違いが見られる。当時の中国語はインド・ヨーロッパ語に比べて語彙量の面においてもかなり劣っている。「英文の大字林を見ると、科学がいくつかの分野にわかれているが、その名詞は合わせて20万をくだらない。それに対して中国の語は六万余りに過ぎない。英文より14万少ない」[1]ということである。したがって、中西対訳は必ずいろいろな困難を伴う。西洋の語を明らかにするために、特定の概念を表す訳語が必要となる。

1.3.3 「我分所当然」や「分所当得」

1844 衛三畏英華韻府歴階 我分所當然
1872 盧公明英華萃林韻府 我分所當然
1899 鄺其照華英字典集成 我分所當然

以上の字典において right は「我分所当然」に当てられている。また、《各国交渉公法論》[2]はフィルモア・ロバート（Phillimore Robert、漢名：費利摩・羅巴德 1810 － 1885）著 Commentaries upon International Law（《國際法評論》）の前三巻がョン・フライヤー（John Fryer、漢名：傅蘭雅、1839 － 1928）などによって翻訳編集されたもので、三集にわかれてそれぞれ原書の前三巻に対応する。原書における Right という語には二つの訳し方がある。第一集から第三集巻13までは、「分所当得（分として得るべきもの）」と訳され、Duty は「分所当為（分としてなすべきこと）」と訳された。第2款「人間に「分所当得（分として得るべきもの）」と「分所当為（分としてなすべきこと）」のことがある。みな善を好んで悪を憎む性がある。国のある者はどう

---

[1] 林樂知、範褘：《新名詞之辯惑》、載李天綱編《萬国公法文選》、生活・讀書・新知三聯書店、1998 年、679 頁。

[2] 趙少峰：《江南製造局翻譯館與晩晴西史譯介》、学術探索、2010 年 5 期、89 頁。

1. 近代語「権利」の生成

してひとりだけそうではないであろうか」第 8 款「国と人が持っている天然
の理を常に見ると、お互いに「分所当得（分で得るべきところと「分所当為
（分でなすべきところ）」がある者は皆この理に基づいて生まれるのである[1]。
　丁氏の説明によると、「権利」は理にかなって得るべき分である。それで、
「権利」は「分」の意味を汲んだのである。『説文解字』によると、「分」は
「別也。从八从刀，刀以分別物也。」ということである。「八」は『説文解字』
によると、「別也。象分別相背之形。凡八之屬皆从八。」ということである。
言い換えれば、「分」は「二つに切り分ける」という意味を示す。「分」は一
声で読むと、「わける、分別」の意味であるが、四声で読むと「分内之事（本
分のうちの事）」「分所当為（分として為すべきこと）」と結びついており、ま
た二つの意味を含んでいる。一つは「分別」の意味において、個人あるいは
個体（擬制の独立したもの）を主語としている。もう一つはやるかやらない
行為、あるいは得るべき利益である。この二つの意味の内包は古典的意味を
含んでいる一方、近代的意味と通じている。それに対して、法哲学者の井上
達夫氏は『現代倫理学辞典』では、次の意見を述べている。即ち、権利概念
はその西洋諸語に見られるように、「正当性」＝正義理念を内包しており、正
義理念は権利主張の公共的正当化可能性を内在的制約として要求している。
どういうことかといえば、たとえ権利が権利主体の利益要求であるとして
も、その利益要求が、自己の特殊利害や特異信念を超えた公共的理由によっ
て正当化可能な要求である場合にのみ、権利の地位を獲得できるというので
ある。公共的理由によって正当化可能であるとは、自他の視点を反転させた
としてもなお受容できる理由によって正当化可能であるということであり、
そのような普遍化可能性・反転可能性テストをパスしうるか否かが権利と利
己主義的利益要求とを分かつメルクマールとなる、というのである[2]。つま
り、権利が利益と関係しているとしても、それは、権利概念自体に内在して

---

[1] 費利摩羅巴德著、傅蘭雅譯：《各国交渉公法論》初集卷 1、上海小倉山房版、1896 年。
[2] 大庭健等：『現代倫理学辞典』、弘文堂、2006 年、「権利」の項参照。

いる正義や公共性といった理念による内在的制約を受けた利益である、ということに注意しなければならない。イェーリングが「権利の存立のためには不法に対する勇敢な抵抗が必要である」としたうえで、そのような抵抗、すなわち「権利のための闘争」は、「権利者の自分自身に対する義務である」と同時に、「国家共同体に対する義務である」と述べているのは、権利が決して自己の利己主義的利益の追求などではなく、むしろ場合によっては、自己利益を犠牲にしてでも権利（主観的意味における Recht）のための闘争を行うことが同時に、他者の権利をも等しく保障する「法（客観的意味における Recht）のための闘争」としての意義を有することを明らかにしていると言えるであろう。

　しかし、後文でも述べるように、「分」は権利にも義務にも当てられている。たとえば、丁氏『万国公法』において obligations は「名分」に、「obligation」は「当守之分」に訳された。それゆえ、「分」の意味はあいまいになった。とくに倫理本位の中国社会では、人間は生まれながらにして各種の関係におかれて暮らしている。そうした種種の関係は即ち種種の倫理である。倫理関係は「すなわち人情関係で、すなわちお互いの間の義務関係」である。ここからみると、道徳志向の倫常観念では、倫理関係に基づく義務関係が重要視されており、厳密的に言う権利観念が欠けている。

　それに、「我分所当然」や「分所当得」は内容を説明するだけで熟語化していない。それは社会的にその観念が受け容れられないし、共通認識となっていないことを反映している。

1.3.4 「人得自主」

　慕維廉（William Muirhead）の『英国志』には「来的」（right）の訳語として「人得自主」が当てられている。

　一千六百二十八年三月十七日，巴力門復会，時明崇禎元年也，王下厳旨申飭，意張甚及，議期為一年，納税于王，増一条律，言税法宜悉依巴力門，不得无故下人于獄，論頗持平，高門士悦而従之，王乃面従，然前大律法中久有

1. 近代語「権利」の生成

此意矣，当廷議時，王以游辞乱之，高門士声色倶厉，議初定，王使人言于高門士，毌得干預国政，衆不听，斯比格尔（スピークル）忽昌言于衆曰，王有旨，汝等毌得妄攻国相，及他干預事，聞者咸離座，大嚷，哥克言此非王言，乃丢克之言也，丢克大可恨，衆洶洶，王惧，伯金恒之及于難，立允之，此議名曰畢的森阿非来的（Petition of Right），来的，華言人得自主，阿非，語助辞，畢的森，華言求惠，意謂求此人得自主之惠也。畢的森上于王，王許之，増入律例，而納税之約亦定，會乃散，是為阻王自主，及宰相不得擅入人罪之一大事[1]。

権利の請願（けんりのせいがん、Petition of Right）とは、1628 年に当時のイングランドの議会から国王チャールズ 1 世に対して出された議会の同意無しでは課税などをできないようにした請願のことである。大憲章・権利の章典とともにイギリスの憲法を構成する重要な基本法として位置づけられている。

これは従来からイングランド国民に保障されていた権利の再確認のための請願で、王位の継承が王家に相続されるものであるように、権利や自由は私有財産と同様イギリス国民に相続されているものであることを確認するものである。

国王大権が議会法に制約されること、イングランド国民は不当な権利侵害から守られていることを明確にした点、そして権利や自由が相続財産であるとみなされるということを明確にした点において、後世に大きな影響を与えた。これを契機に、イギリス国王といえども「法＝コモン・ロー」の下にあると「法の支配」の概念がエドワード・コークにより明確化された。また、18 世紀になって自由や権利は相続財産であるという点は、保守主義の哲学としてエドマンド・バークにより理論化された。

それに対して、丁氏は『万国公法』において「自立自主之権」で independent sovereignty を訳し、庶民の rights を「権利」と訳した。しか

---

[1] 慕維廉：『英国志』http://www.wul.waseda.ac.jp/kotenseki/html/ri09/ri09_03330/index.html

し、「自主之権」、「主権」と「権利」はよく混同されている。つまり、庶民の権利と国家の主権には内的関連があるように見える。それで自主の権にも権利の意味が含まれているのである。

自主の権は国を建てるという自主の能力があるだけでなく、国を治める権力と資格も持っている。また、自主の権は自由と権利の二つの意味を兼ねている。

自主の権が"right"と"liberty"を兼ね備えているのは、"right"と"liberty"の意味が緊密な関係を持っているからである。張佛泉の分析によると、西洋の自由の意味は「政治の面における保障」と「人間の内心におけるある種の状態」という二つの「意味システム（system of meanings）」の「指示」あるいは「指名（designations）」にわかれる。そして、前者は権利（rights）とも言われている。そういう政治あるいは法律上の自由は早くもイギリス1215年の大憲章に源をさかのぼることができる。そのころ、一つの自由は一つの権利に等しい。それゆえ、大憲章における「諸自由」は「諸権利」に等しく、"容認"（concessions）や"特許"（franchises）の同義語であると考えられる。ここからみると、自由は認許された権利であり、権利のある者はみずから自由者である。つまり、自由と権利は西洋のコンテキストにおいて同義語である[1]。

緒論にも述べたように、right には利益、自主性、正当性、資格（能力・力・パワー）など四つの要素が含まれている。「資格」という意味を表す場合に、よく複数の rights が使われている。right (s) は西洋文化のコンテキストにおいて二つのレベルの内包を持っている。一つは法律のレベルにおいて一切の合法的で正当的権力と利益を指す。もう一つは普遍的価値において「個人の自主性」を指し、近代西洋自由主義のキー・コンセプトを為している。「権利」とほかの訳語について、「利益」、「正当性」、「自主性」、「資格」という四つの要素が備わっているかどうか見てみよう。

---

[1] 張佛泉：《自由與人權》、臺北：臺灣商務印書館、1993 年、12 － 14 頁。

1. 近代語「権利」の生成

	利益	自主性	正当性	資格 （能力・力・パワー）
例			○	
例応			○	
道理			○	
益処	○			
我分所当然		○	○	
分所当得		○	○	
人得自主		○		
権		○	○	○
権利	○	△	△	○

　以上の訳語を比較してみると、「例」や「例応」や「道理」などは同じように right の正当性に焦点を当てている。そうした意味で right のもともとの意味にぴったり合うと思われるが、いずれも曖昧さを避けられないので、専門術語としてはふさわしくないと考えられる。「我分所当然」や「分所当得」は right の正当性と自主性を的確に表し出しているが、フレーズであり、専門用語として長すぎて簡潔さに欠けている。「人得自主」は right の自主性を訳しだすだけで、簡潔さにおいても足りない。「権利」は利益と資格と二つの要素しか持っていないが、丁氏は「権利」を right に当てる場合に、right の正当性を意識しないわけではない。「似覺勉強（無理のように見える）」と知りながらも、「権利」という語を選んだ。その結果、right を構成する「利益」「正当性」「自主性」「資格（能力・力・パワー）」の 4 要素のうち、最も中心的な「正当性」を表す文字がなく、「力」と「利益」という"最悪の"組み合わせになっているように見える。

1.4　「権利」という言葉に対する伝統的理解

　一旦外来の概念に照らして訳語として成立すると、固定した意味概念が込

められてきて完全に字面通りに分解して理解できなくなる[1]。つまり、かつて
は「中国語の古典に使われ、漢籍本来の意味を持っていながら、今度は訳語
として新たに意味を吹き込んでいく語も多い。その新しい概念に使うことが
主になっていって、漢籍の出典との関連がますます薄らいでいく」[2]ことにな
る。しかし、薄らいでいくとは言え、古典的意味の影響が完全に姿を消すと
いうことではない。特に多義性を持っている「権」と「利」の組み合わせと
して、その意味項目の取捨選択それ自体も新しくできた近代語に影響を与え
るであろう。

1.4.1　中国国家語委コーパスにおける「権利」の用例及び意味分析

「権利」という文字列は、近代以前では、権勢と利益といった一般的意味
で用いられてきた。また「権利」という漢語には否定的語感が近代に至って
も伴っていた。したがって、西洋近代思想に接して、それらの漢語が right
という新しい観念の訳語とされれば、当然新しい観念であることを指示した
り、本来もっていた意味や語感を避けて誤解を防ごうとするであろう。「権
利」が生成後、広く広まらなかったのはおそらくそこには「権利」という漢
語の持つ語感とそれに対する倫理的拒絶の伝統が作用していたと考えられ
る。

「権利」という文字列は中国の漢籍に頻出する。中国国家言語委員会の
コーパス（古典中国語コーパス）で「権利」を検索にかけると次の結果が出
てくる。(以下の用例は主として年代順に並んでいるが、一部の作品は年代が
不明なため、順次はそれほど厳密ではない。それに、検索結果からのひとつ
の語と見なされない『東坡文集』の三つの例（権利害）、『新唐书』の一例（兵
尚權，權利于速)、『三国志』の一例（今议者咸以權利在鼎足，不能并力，且
志望以满，无上岸之情，推此，皆似是而非也。）及び若干の重複の例を削除し

---

[1] 陳力衛：『和製漢語の形成とその展開』、汲古書院、2001 年、277 頁。
[2] 陳力衛：『和製漢語の形成とその展開』、汲古書院、2001 年、276 頁。

1. 近代語「権利」の生成

た。）

	例文	出典	時期
1	欲缶權利，且惡缶權害[1]。	墨子	春秋戦国
2	夫民之情，樸則生勞而易力，窮則生知而權利。易力則輕死而樂用，權利則畏罰而易苦[1]。	商君書	春秋戦国
3	目好之五色，耳好之五聲、口好之五味，心利之有天下。是故權利不能傾也，群眾不能移也，天下不能蕩也。	荀子	春秋戦国
4	接之以聲色、權利、忿怒、患險，而觀其能無離守也。	荀子	春秋戦国
5	陂池田園，宗族賓客為權利，橫於潁川。	史記	漢
6	若至力農畜，工虞商賈，為權利以成富，大者傾郡，中者傾縣，下者傾鄉裡者，不可勝數。	史記	漢
7	好營死於權利。	史記	漢
8	索隱言好誇毗者死於權利，是言貪權勢以自矜誇者，至死不休也。	史記	漢
9	鄉使秦緩其刑罰，薄賦斂，省徭役，貴仁義，賤權利，上篤厚，○索隱上猶尚也，貴也。	史記	漢
10	秦不行是風而其故俗，為智巧權利者進，篤厚忠信者退；法嚴政峻，詔諛者眾，日聞其美，意廣心軼。	史記	漢
11	太史公曰：語有之，"以權利合者，權利盡而交疏"，甫瑕是也。	史記	漢
12	曆古今之得失，驗行事之成敗，稽帝王之世運，考五者之所謂，取捨不厭斯位，符端不同斯度，而苟昧於權利，越次妄據，外不量力，內不知命，則必喪保家之主，失天氣之壽，遇折足之凶，伏鈇鉞之誅。	漢書	漢
13	今放民於權利，罷鹽鐵以資暴強，遂其貪心，眾邪群聚，私門成黨，則強禦日以不制，而並兼之徒奸形成也。"	塩鉄論	漢
14	故權利深者，不在山海，在朝廷；一家害百家，在蕭牆，而不在胡邺也。"	塩鉄論	漢
15	此詩人刺不通于王道，而善為權利者。	塩鉄論	漢
16	方今之務，在除饑寒之患，罷鹽、鐵，退權利，分土地，趣本業，養桑麻，盡地力也。	塩鉄論	漢
17	間者，士大夫務于權利，怠於禮義；故百姓仿效，頗逾制度。	塩鉄論	漢
18	文學曰："禮義者，國之基也，而權利者，政之殘也。	塩鉄論	漢

---

[1] 「缶」が他の版で「击」と書かれている場合もある。

19	故古者大夫思其仁義以充其位，不為**權利**以充其私也。"	塩鉄論	漢
20	大夫客曰："餘睹鹽、鐵之義，觀乎公卿、文學、賢良之論，意指殊路，各有所出，或上仁義，或務**權利**。"	塩鉄論	漢
21	然性浮動，慕**權利**，外似審正，内實諂諛。	北史	魏晋六朝
22	謂同志曰："豐飾僞而多疑，矜小失而昧於**權利**，若處庸庸者可也，自任機事，遭明者必死。"	三国志	魏晋六朝
23	至於風漓化薄，禮違道喪，忠不樹國，孝亦怠家，而一世之民，**權利**相引；仕以勢招，榮非行立，乏翺翔之感，棄舍生之分；	宋書	魏晋六朝
24	而苟昧**權利**，越次妄據，外不力人，内不知命，善曰：左氏傳曰：息侯伐鄭，君子曰：不量力。	昭明文選	魏晋六朝
25	不私**權利**，唯德是與，故曰'我有好爵，吾與爾靡之'。	兼明書	隋唐五代
26	安有踐其跡以制其實，貶其謚以徇其虛，采慮始之謗聲，忘經遠之**權利**，義非得所，孰謂其可？	旧唐書	隋唐五代
27	王叔文等使其党以**權利**誘元衡，元衡拒之。	旧唐書	隋唐五代
28	從少以貞晦恭讓自處，不交**權利**，忠厚方嚴，正人多所推仰。	旧唐書	隋唐五代
29	元和中，内官梁守謙掌樞密，頗招**權利**。	旧唐書	隋唐五代
30	日聚京師輕薄子弟、方鎮將吏，以招**權利**。	旧唐書	隋唐五代
31	狡弄威聲，專行**權利**，反復唇齒之間，傾動頰舌之内，威福自己，無所忌憚。	南史卷二十一	隋唐五代
32	專行**權利**，又無贓賄。	南史卷二十一	隋唐五代
33	中書**權利**之職，法亮不樂去，固辭不受。	南史卷七十七	隋唐五代
34	紛綸流於**權利**兮，親賴因而妒異；獨耿介而慕古兮，	后漢書	宋
35	言時俗溺於**權利**也。	后漢書	宋
36	此**權利**之所致也。	欒城集卷八	宋
37	古之人君，得天下之**權利**而專之，是故所為而成，所欲而就。	欒城集卷八	宋
38	凡皆務與天下為所不可測，使吏無所執吾法以邀我，收天子之**權利**而歸之於上。	欒城集卷八	宋
39	陛下將安民保國，而與喜功伐、好**權利**者謀之，臣不知其可也。	欒城集卷三十五	宋
40	臣詳觀安持等說，蓋猶挾奸意，觀望朝廷，欲徐為興動大役之計，以固**權利**。	欒城集卷四十五	宋
41	議者頗恨宇文融以來**權利**相賊，陷天下之禍，雖有補益，弗相除雲。	新唐書	宋
42	從為人嚴偉，立朝棱棱有風望，不喜交**權利**，忠厚而讓。	新唐書	宋

44

43	然冒於權利，嘗諷右補闕趙廷禧陳符命以媚帝，曰："唐有天下，當百世繼周，陛下承母禪，周、唐一統，其符兆有八……。	新唐書	宋
44	晚乃徇權利，務為驕縱，素節盡矣。	新唐書	宋
45	再領鹽鐵，嗜權利，不復初操。	新唐書	
46	嘏又與李豐不善，謂同志曰："豐飾偽而多疑，矜小智而昧於權利，若任機事，其死必矣！"	资治通鉴	宋
47	房管性高簡，時國家多難，而管多稱病不朝謁，不以職事爲意，日與庶子劉秩、諫議大夫李揖高談釋、老，或聽門客董庭蘭鼓琴，庭蘭以是大招權利。	资治通鉴	宋
48	立氣勢，作威福，結私交以立强於世者，謂之遊俠；飾辯辭，設詐謀，馳逐於天下以要時勢者，謂之遊說；色取仁以合時好，連黨類，立虛譽以爲權利者，謂之遊行。	资治通鉴	宋
49	終於失兄弟之歡，虧君臣之義，跡其亂階，正由劉湛權利之心無有厭已。	资治通鑑	宋
50	叔文以元衡在風憲，欲使附己，使其黨誘以權利，元衡不認，由是左遷。	资治通鑑	宋
51	樞密使王峻，性輕躁，多計數，好權利，喜人附己，自以天下為己任。	资治通鑑	宋
52	戶部侍郎權尚書曹溫之女在掖庭，親舊幹預權利，其家人填委諸司，貪墨彰露。	金史	元明
53	繼恩好清談，不喜權利，每得賜賚，市書至萬卷，載以自隨，誦讀不倦。	辽史	元明
54	已而給事中劉文炳劾兩淮巡鹽禦史徐縉芳，言策入葉向高幕，幹票擬；策同官陳一元，向高姻親，顧權利。	明史	清
55	惟庸陰以權利脅誘二人，二人素戇勇，見惟庸用事，密相往來。	明史	清
56	剽悍陰賊，席父寵，招權利 無厭。	明史	清
57	嚴嵩父子招權利，諸司為所撓，博一切格不行。	明史	清
58	事與籌畫，因恃勢招權利，大臣亦多與通。	明史	清
59	國觀任中書王陛彥，而惡中書周國興、楊余洪，以漏詔旨、招權利劾之，並下詔獄。	明史	清
60	即不召，必假事以入，出則張大其勢，市權利。	明史	清
61	秦夫人又道："第二，我有國家獨立自尊，權利光榮，永保丕承。	女娲石	清
62	趙新娘是沒有兒女的，二相公只認得他是父妾，他也沒有權利占著正屋；吩咐你們媳婦子把群屋打掃兩間，替他把東西搬過去，騰出正屋來，好讓二相公歇宿。[1]	儒林外史	清

63	劉美家婢出入禁中，大招權利，樞密直學士、刑部侍郎趙積厚結之。	《続资治通鑑》	清
64	陛下如好學，則天下之君子以直道事陛下，輔助德業而致太平；不好學，則天下之小人以邪諂事陛下，竊取富貴而專權利。	《続资治通鑑》	清
65	恕等對曰："今國用軍須，所費浩瀚，諸州凡有災沴，必盡蠲其租，臣等每舉權利，朝廷以侵民為慮，皆梗而不行；縱使耿壽昌、桑弘羊複生，亦所不逮。	《続资治通鑑》	清

　以上の用例から見ると、例1と例2の「権利」は動目関係で「利害をはかる」という意味を表している。例14の「権利」は動目関係で正道ならざる利を追求するという意味を表している。例28と例42の「権利」は連合構造で金持ちや権力者を指し、ほかの用例はすべて「権＋利」という連合構造でマイナスの意味を帯びる権勢と利益の組み合わせで、いずれも特別な意味として熟語化していない。特に注目したいのは『塩鉄論』における「権利」である。『塩鉄論』に「権利」が11個現れ、いずれも権勢と利益の組み合わせである[2]。『塩鉄論』とは、漢の昭帝始元6年（B.C.81年）に開かれた御前会議で丞相・御史大夫を先頭とする中央政府高官と全国から召集された60人余の賢良・文学と称される在野学識者との間でたたかわされた論議の記録である。政府側と賢良文学側との対立は散不足（現行の官有官営の統制経済）を続行するか、それとも聚不足（民間活力の自由経済）に切換えるかにあり、さらにその根底に横たわる思想的立場にまで及ぶ。西田太一郎「儒家法家と武帝の統制政策」（『東洋の文化と社会』三、1953年）、日原利国「塩鉄論の思想的研究」（同、四、1954年）は、この思想的対立の様相に注目し、両者の対立が法家的な思想と儒家的な思想との対立であることを明らかにし

---

[1] コーパスに収録されている『儒林外史』は最も早い版本ではない。最も早い版本と思われる臥閑草堂刊本（1803（清嘉庆8年）刊行、1975年に人民文学出版社によって影印版が出版された）においては、「趙新娘是沒有兒女的，二相公只認得他是父妾，他也沒有還占著正屋的；吩咐你們媳婦子把群屋打掃兩間，替他把東西搬遇去，騰出正屋來，好讓二相公歇宿。」と「権利」がまだ現れていない。

[2] 金觀濤、劉青峰：《觀念史研究：中国现代重要政治術語的形成》、法律出版社2009年版、111頁。

た[1]。そうした思想論争の中で、「権利」は「仁義」の対立語として拒絶されたのである。漢以降、「権利」はほとんど権勢と利益の意味で用いられていた。

1.4.2 「権」と「利」に対する伝統的理解

　漢字は表意文字であり、一字一字がそれぞれ一定の意味を表す。そこで、「権利」を分解してそれぞれの意味を検討してみたい。現代的意味において、権利の「権」は第一義的に力（power）を表す。それは人をしたがわせる力（権勢・政権・権威・権力）であり、法的な力（権限・権能）である。「権」には、どこか力づくの押しつけがましさがあるが、法律には強制力がつきものなのである。一方、権利の「利」は第一義的には利益（profit）を表す。それは自らを利するものであり、他を益すること（公共の利益）でもある。もちろんよい意味もあるのであるが、「利欲熏心（利欲は心を惑わす）」「利令智昏（利は理性をくもらせる）」「見利忘義（利益に目がくらんで正義を忘れる）」など、どうもエゴイスティックな印象がつきまとい、あまりいいイメージはない。「権利」の順番を入れ替えて「利権」とすると、第一義的な「利益と権利」という意味よりも、業者が政治家や役人などと結託して獲得する権益の意味のほうが強く感じられ、イメージはきわめて悪い。

イ．「権」に対する伝統的理解

　「権」は二つの意味の流れが合流してできた字である。一つは「黄華木」という原義から地名、人名へと発展してきた。もう一つは拳（巻、捲）→扌雚→權という流れである。拳は巻の仮借字であり、扌雚は拳の異体字であり、木偏が手偏に取って代わって權となった。その意味も拳骨からはかりへと発展してきた。また、はかりから別の意味へと発展してきた。この流れは

---

[1] 湯浅邦弘：漢代思想（儒教国教化と『塩鉄論』）研究史、中国研究集刊2、1985年6月、36頁。

47

だんだん意味の主流になってきた[1]。以上の変遷を図で示すと次のようになる。

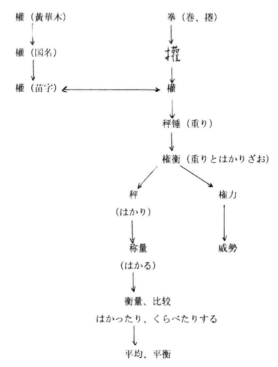

(何璇：《"權字"的起源及演変》所載の図を加筆したもの)

何璇は先秦と漢と漢以後のいくつかの文献から「権」を取り出して意味分析を行った。その結果、「権力」という意味はずっと主な意味として使われている。(統計結果：先秦31.6%、漢(『史記』75.7%、『漢書』77.3%、漢以後71.1%)[2]

---

[1] 趙紀彬：《困知二録》、中華書局、1991年、252頁を参照のこと。
[2] 何璇：《"權字"的起源及演変》(修士論文、CNKI)を参照のこと。

1. 近代語「権利」の生成

「権」に対する伝統的理解は「王覇の弁」に関わっている。たとえば、

孔子曰わく、天下道有れば、則ち礼楽征伐、天子より出ず。天下道なければ、則ち礼楽征伐、諸侯より出ず。諸侯より出ずれば、蓋し十世にして失なわざること希なし。大夫より出ずれば、五世にして失なわざること希なし。陪臣国命を執れば、三世にして失なわざること希し。天下道有れば、則ち政は大夫に在らず。天下道あれば、則ち庶人は議せず[1]。

「権」が天子に握られることは「有道」（道に合う）と考えられる。それに対して、諸侯以下に握られることは「無道」とされる。前者は王道であるが、後者は覇道である。儒家思想は「王道」をたっとび、「覇道」を貶めるのである。丁韙良の言う「凡人所応得之分」（権）は儒家の「王道」にあわないことになる。

ロ．「利」に対する伝統的理解

「利」は否定的理解と肯定的理解がある。

（一）否定的理解

「利」の否定的理解の立場には、儒家と道家がある。

（イ）儒家の義利観

『論語』の中には利についての発言が多く残されている。たとえば「君子は義に明るく、小人は利に明るい」とある。これによって孔子の利についての基本的思想は、人々が利を追求することに対して否定的であると知ること

---

[1] 原文：："天下有道，則禮樂征伐自天子出；天下無道，則禮樂征伐自諸侯出。自諸侯出，蓋十世希不失矣；自大夫出，五世不失矣；陪臣執国命，三世希不失矣。天下有道，則政不在大夫。天下有道，則庶人不議"。《論語・季氏》
現代語訳：「天下に道があれば、礼法や音楽といった文化や異民族に対する征伐は天子から起こる。天下に道が無ければ、それらは諸侯より起こる。諸侯から起こった文化や治安など10世代以上続く事は少ない。諸侯に仕える大臣達から起こったものなど5世代以上続く事は少ない。さらにその家臣達から起こったものなど3世代以上続く事は少ない。天下に道があれば大臣達が政治権力を握ることなどなく、民衆が政治に文句を言う事も無い。」訳文出自『漢籍国字解全書』、早稲田大学出版部、1907 − 1917 年。

ができる。なぜ否定的なのかというと、孔子は利に対立するものとして義などを措定し、それらの道徳規範の実現をめざして活動していたからである。以後の儒教において「義利の弁（弁別）」はここに遡ることができる。しかし、孔子は利の追求を単純に頭から否定したわけではない。「富と貴とは、是れ人の欲する所なり。其の道を以て之を得ざれば、処らざるなり。貧と賤とは、是れ人の悪む所なり。其の道を以て之を得ざれば、去らざるなり。」[1]や「富にして求む可くんば、執鞭の士といえども、吾亦之を為さん。如し求む可からずんば、吾が好む所に従わん」[2]と述べ、不仁や不義をもって得た富つまり利はもちろん否定されているが、仁や義をもって得た富つまり利は否定していない。したがって、義などの道徳規範の範囲内における利の追求が認められていたと言えよう。加うるに、孔子が道徳規範の実現者とみなしたのは、あくまで支配者なのであって、被支配者は道徳規範の実現の主体として全然期待されていなかったという点もある。「民の利する所に因りて之を利す」[3]と。のちに儒家が民の利の追求を公然と認めるようになるのも、上のような孔子の思想から必然的に出てくることなのかもしれない。

　朱子学では、利を人欲つまり天理の対立項に配当し悪の起源と見なし、その視点から董仲舒の「仁人は、誼（義）を正しくして利を謀らない」（『漢書』董仲舒伝）を称揚した。陳亮は漢と唐の事功を、全体社会の福祉を達成したものとして道義的に高く評価するが（『陳亮集』巻二八、又甲辰秋書）、朱熹は結果ではなく動機を問い、いささかでも利を謀る心から出た行為ならただちに不正だとして、漢代から唐代をも暗黒時代の連続と見なす（『朱文公文集』巻三六、寄陳同甫、六）[4]。

---

[1] "富與貴，是人之所欲也……貧與賤，人之所惡也"。《論語・裡仁》、訳文出自『漢籍国字解全書』、早稲田大学出版部、1907 － 1917 年。

[2] "富而可求也，雖執鞭之士，吾亦為之，如不可求，從吾所好"。《論語・裡仁》、訳文出自『漢籍国字解全書』、早稲田大学出版部、1907 － 1917 年。

[3] "因民之所利而利之"。《論語・堯曰》、訳文出自『漢籍国字解全書』、早稲田大学出版部、1907 － 1917 年

[4] 溝口雄三等：『中国思想文化事典』、東京大学出版会、2001 年、106 頁。

1. 近代語「権利」の生成

　（ロ）道家の義利観

　老子の義利観は「聖を絶ち智を棄つれば、民の利は百倍す。仁を絶ち義を棄つれば、民は孝慈に復す。巧を絶ち利を棄つれば、盗賊有ることなし」[1]である。老子の言った義と利は人為的なものである。その人為的な概念は「道」と矛盾し、「道は自然に法る」という法則に合致しないので、捨てられなければならない。荘子は老子の思想を受け継ぎ、「道は自然に法る（道はそのありのままの姿のままでいる」[2]を認めるうえに，自己自身の「逍遥（自由自在）」をもっと重んじる。『荘子』では、「逍遥（自由自在）」への追求が際立っている。荘子は浮世の繁文縟礼に反対し、「人間が束縛を受けて不自由でいるのは外力の巻き添えを食って、自分をコントロールできないからである」[3]、「聖人と申す者は、普通的人類の形はあれども、普通的人情はなし」[4]という言葉は人為的礼法に対する荘子の蔑視を示している。それをもとにして、荘子は義と利に対して否定の態度を示し、「民の利におけるに甚しく勤めれば子に父を殺すものあり，臣に君を殺すものあり，正晝に盗を為し，日中に杯（かきね）を穴掘る」[5]と言った。（《庄子・庚桑楚》）してみると、荘子も「利」を乱の元と見なし、「利」に批判の態度を示した。荘子は聖人の道にも否定の態度を取っており、儒家を「偽りの事を巧みにする」と言って、義を否定した。

　老子と荘子が義と利に否定の態度を示したのは義と利が「道」に背くものと見なされるからである。「素を見わし、樸を抱き、私を少なくし欲を寡なく

---

[1] “絶聖棄智，民利百倍；絶仁棄義，民複孝慈；絶巧棄利，盗賊無有”。《老子・十九章》美徳を断ち切って知恵を捨てれば、人々の利益は百倍にもなるだろう。仁愛を断ち切って正義の心を捨てれば、人々は本来の真心に立ち返るだろう。小手先の技術を断ち切って便利な道具を捨てれば、盗賊など居なくなるだろう。訳文出自『漢籍国字解全書』、早稲田大学出版部、1907 － 1917 年。

[2] “道法自然”。《老子・二十五章》訳文出自『漢籍国字解全書』、早稲田大学出版部、1907 － 1917 年

[3] 徐復観：『中国人性論史・先秦編』、北京：九州出版社、2013 年、355 頁。

[4] “有人之形，而無人之情”。《荘子・德充符》。訳文出自『漢籍国字解全書』、早稲田大学出版部、1907 － 1917 年。

[5] “民之於利甚勤，子有殺父，臣有殺君，正晝為盗，日中穴阫”。《荘子・庚桑楚》。訳文出自『漢籍国字解全書』、早稲田大学出版部、1907 － 1917 年。

せよ（飾らない姿で、素朴な気持ちで、控えめにして、欲張らない。）」[1]や「返璞帰真（本来の状態や真実の様相に返えるから外れた）」こそ「道」に適う態度であるとされる。

　（二）肯定的理解

　「利」の肯定的理解は、墨家思想や法家思想や儒家の荀子に見える。利の問題は、中国倫理思想からすると義の問題と絡んでいる。中国において利が軽んじられたということではない。むしろその逆で、現実には利は追求されてきたであろう。たしかに朱子学は利を人欲として天理と対立させて貶める迂遠さが敬遠されたので、「権」の論理によって、直面したその場において利を容認するかどうかを決めた。「権」とは、義に背いてはいるが、現実の利に適っていることを倫理的に例外として認めることである。その結果、規範がその場その場で決められて現実に歩み寄られることになったという。この中国倫理思想の精神構造は、決疑論的だといわれる。しかも倫理的に許されて追求された利は、公に関わるものであったから、利の問題は、公私観と重ねられて、それほど単純ではないことになる。

　（イ）墨家の義利観

　先秦時代の墨家の学説では、「利」が重要な位置を占めている。即ち、「古代の聖王は能く天神の好み欲することを究はめ明にして、天神の厭ひ憎むことを避けて為さずして、天下の利益を興し、天下の害毒を除き去ることを求めり」[2]と。また、「仁人の事業と為して行ふ者は必ず天下万民の利益を創め興し天下万民の損害を除き去る」[3]と。墨家の言った「利」は普通に言う利己主義の「利」ではなく、個人利益と社会利益の関係において把握されるもの

---

[1] "見素抱樸，少私寡欲"。《老子・十九章》。訳文出自『漢籍国字解全書』、早稲田大学出版部、1907－1917年。

[2] "故古者聖王，明天鬼之所欲，而避天鬼之所憎，以求興天下之利，除天下之害"。《墨子・尚同中》。訳文出自『漢籍国字解全書』、早稲田大学出版部、1907－1917年。

[3] "仁人之所以為事者，必興天下之利，除天下之害"。《墨子・兼愛中》。訳文出自『漢籍国字解全書』、早稲田大学出版部、1907－1917年。

で、「天下の利」を指す。 昔の聖王は「天下の利益を興し、天下の害毒を除き去ること」を追求したが、仁人も昔の聖人に倣って「天下の利益を興し、天下の害毒を除き去ること」につとめなければならない。まさに「墨子は兼ね愛す。わが頂を摩りへらして踵までに放るとも、天下を利することは、これを為す」[1]と孟子の言ったとおりである。つまり、墨子は兼愛の説（人類愛）を実践し、天下の人々のためなら、頭の頂上から踵の先までをすり減らしてでも働く。

墨子の「三利」思想はその精髄をもっとも鮮明に表している。即ち、「上は天に利しく中は鬼に利しく下は人に利しきなり」[2]ということである。そのうち、もっとも重要なのは「下は人に利しきなり」である。「天」と「鬼」は虚構的なもので、「人」を際立たせる修辞手段にすぎない。「墨子の有鬼論と天志は同じであり、鬼と神は彼の学説における賞罰者で、……「天下の利益を興し、天下の害毒を除き去ること」をめぐって設計されるのである」[3]と考えられる。墨家の利の追求は、儒家の場合と異なり、道徳規範との間に格別、緊張関係を持つことがない。むしろ、利への追求それ自体が一つの道徳であるとされる。ただし、その「利」は主として「公利」を指す。

梁啓超も次のように儒家と墨家の義利観の違いを論述している。「要するに、利の根源が天から出るが、災いと福はいずれも自分が求めなければならない。それが墨学の綱領であり、儒教との根本的相違でもある。（中略）儒墨の異同を比べる場合に、もっとも明らかなキーワードがある。すなわち、儒学においてよく仁と義が併称されているのに対して、墨学において、愛と利が併称されている。仁と愛は同一物である。儒者は義を仁愛の付き物にして

---

[1] "墨子兼愛，摩頂放踵；利天下，為之"。《孟子・尽心上》。訳文出自『漢籍国字解全書』、早稲田大学出版部、1907 − 1917 年。

[2] "上利天"、"中利鬼"、"下利人"。《墨子・天志下》。訳文出自『漢籍国字解全書』、早稲田大学出版部、1907 − 1917 年。

[3] 侯外廬・趙紀彬・杜国庠：『中国思想通史（第一巻）』、北京：人民出版社、1957 年、221 頁。

いるのに対して、墨者は利を仁愛の付き物にしている」[1]と。その指摘が急所をずばりと言い当てた。

　（ロ）荀子の義利観

　荀子は「人の性は悪なり、其の善なる者は偽なり。今人の性、生まれながらにして利を好む有り。是に順ふ、故に争奪生じて、辞譲亡（ほろ）ぶ」[2]、また、「利を好み害を悪むは、是れ君子も小人も同じき所なり」[3]と言って利を肯定し、そして、道徳と利益が誰でも必要なものであり、人間の本性につながり、誰でも取り除くことができない欲望であると主張した。即ち、「義と利とは、人の両（ふた）つながら有する所なり。堯・舜と雖も、民の利を欲するを去ること能わず。然り而して能く其の利を欲するをして、其の義を好むに克たざらしむるなり。桀・紂と雖も、亦民の義を好むを去ること能わず」[4]と。「義」と「利」は、誰でも本来有しているものである。たとえ聖王の堯・舜といえども、人民が利を欲することを取り除くことはできない。そうではなくて、人民が利を欲する心が義を欲する心より上回らないように制御して治めたのであった。逆に悪王の桀・紂といえども、人民が義を欲することを取り除くことはできない。また、「凡そ人は一同なる所有り。飢えて食を欲し、寒（こご）えて煖を欲し、勞して息（そく）を欲し、利を好んで害を悪むは、是れ人の生れながらにして有する所なり、是れ待つこと無くして

---

[1] "要而論之，利之大原出於天，而禍福無不自己求之者，此墨学之綱領也，其與儒教之根本差異處即在於是。（中略）儒墨之異同比較，有最明顯之一語，即儒者常以仁義並稱，而墨者常以愛利並稱是也。日仁日愛，同一物也；而儒者以義為仁愛之附屬物，墨者以利為仁愛之附屬物"。梁啓超：《子墨子学説》，北京 ：中華書局，1936。訳文出自『漢籍国字解全書』、早稲田大学出版部、1907 － 1917 年。

[2] "人之性悪，其善者儀也。 今人之性，生而有好利焉。順是、故争奪生、而辞譲亡焉"。《荀子》。訳文出自『漢籍国字解全書』、早稲田大学出版部、1907 － 1917 年。

[3] "好利悪害，是君子小人之所同也"。《荀子》。訳文出自『漢籍国字解全書』、早稲田大学出版部、1907 － 1917 年。

[4] "義與利者，人之所兩有也。雖堯、舜不能去民之欲利"。《荀子》。訳文出自『漢籍国字解全書』、早稲田大学出版部、1907 － 1917 年。

然る者なり、是れ禹・桀の同じき所なり」[1]と。およそ人間には同じところがある。腹が減ったら食べることを欲し、寒かったら暖まることを欲し、疲れたら休むことを欲し、利益を好んで危害を嫌うのは、人間が生まれながらにして持っているところであり、人間が意図的に何かを行うことを待たずして自然にそうなるところのものであり、聖王の禹も悪王の桀も変わらないものである。

　（八）法家の義利観

　法家の義利観は儒家の説く性善説を否定し、「人間の本性は易きに流れ、利己に走る悪しきものだ」とする性悪説である。そして、君主たるもの、補決まりを作って民に守らせて利己に走れないようにし、国の秩序を保って国力を養うべしという治世論が説かれる[2]。管子は人性について「凡そ人の情は、欲する所を得ば楽しむ、悪む所に逢へば憂ふ、此れ貴賎の同く有する所なり」[3]と主張した。具体的に言えば、「夫れ凡そ人の情は、利を見て能く就く、害を見て能く避く、其商人の通賈するに道を倍して、昼夜兼行し、千里も遠しとせざるものは、利益の前に在ればなり、漁人の海に入る、海の深きこと万仞にして、波に就き、流れに逆ひ、危きに乗ずる百里なるに、宿夜出でずして、水に入るは、利益の水に在ればなり、故に利の在る所は、千仞の山といへども、上らざるなく、深淵の下も、入らざる所なきなり」[4]ということである。つまり、利を求めることが人の本性である。商鞅も「夫れ人の情（性）は爵禄を好み、刑罰を悪む所なり」[5]と言った。韓非子も一切の社会関係が

---

[1] "饑而欲食，寒而欲暖，勞而欲息，好利惡害，是人之生而有也，是無待而然者也，是禹桀之所同也。《荀子》訳文出自『漢籍国字解全書』、早稲田大学出版部、1907 － 1917 年。

[2] 吉田裕清：「「法」と「権利」」、『翻訳語としての日本の法律用語』、2004 年 11 月、中央大学出版局、2 頁。

[3] "得所欲則樂，逢所惡則憂"。《管子》。訳文出自『漢籍国字解全書』、早稲田大学出版部、1907 － 1917 年。

[4] "見利莫能勿就，見害莫能勿避……故利之所在，雖千仞之山，無所不上；深淵之下，無所不入焉"《管子》。訳文出自『漢籍国字解全書』、早稲田大学出版部、1907 － 1917 年。

[5] "夫人情（性）好爵祿而惡刑罰"。《商君書》。訳文出自『漢籍国字解全書』、早稲田大学出版部、1907 － 1917 年。

人々の利己心によって支配されていると考え、利己的な人性を指摘した。一方、人々が「是を以て利を欲するの心を免れず」[1]という性質を持っているので、「利なる者は、民を得るゆえんなり」[2]、「利の在る所、民これに帰す」などと言ったように利の重要性が明らかになっている[3]。法家の義利観は法治を尊重し、仁義を捨て、利を重んじ、義を見下げることがコア・コンセプトになっている。儒、墨と同じでなく、老荘とも異なり、独自の特徴を持っている[4]。

　荀子や法家は性悪説の立場から欲望をはっきりと認めるが、それは人間の「利」を好む現実を見据えて、礼や法によって秩序づけようとするからである。「利」の肯定的理解といっても、支配のために人間行動の動機として認めるというまでで、個人の高利的動機を社会全体の利益に資するものとして認めたわけではない。

　「権利」という漢語がrightの訳語としてなかなか受け容れられにくかった文化的背景を知るために、「権利」をめぐる伝統的理解を概観した。以下の点を確認するだけにしたい。すなわち、権の運用は道に適うかどうかによって王権と覇権に分けられていた。王権は自明のものとして犯したり、争ったりすることができない。それに対して「大抵覇者は権譎を尚びて功利を要む。此れ聖人の民を教ふると同じからず」[5]とある。覇権などの権は認められていない。一方、利の是認はあくまでも道徳的完成のためであって、個人の利としては許されていない。利得を「末利」と見なし道徳と対立させて、理念的

---

[1] "不免於欲利之心"。《韓非子・解老》。訳文出自『漢籍国字解全書』、早稲田大学出版部、1907 － 1917 年。

[2] "利者，所以得民也"。《韓非子 ・ 詭使》。訳文出自『漢籍国字解全書』、早稲田大学出版部、1907 － 1917 年。

[3] "利之所在，民歸之"。《韓非子 ・ 外儲説左上》。訳文出自『漢籍国字解全書』、早稲田大学出版部、1907 － 1917 年。

[4] 葛栄晋：『中国哲学範疇痛論』、北京：首都師範大学出版社、2001 年、538 頁。

[5] 原文：大抵覇者尚權譎要功利，此與聖人教民不同。《朱子語類》巻四十三。訳文出自小林武・佐藤豊：『清末功利思想と日本』、研文出版、2011 年。

には自利を認めず、むしろ逆に批判してきた。以上の二点から、権利概念を
すんなりと理解して肯定できるはずもなかった。つまり、「権利」に対する伝
統的理解は近代語「権利」の受容を妨げたものであるといえよう。

1.5　丁韙良の春秋戦国公法説

　一方、近代語「権利」の造語者である丁韙良は中国における「権利」に対
する伝統的理解に拘束されるわけがない。彼は自分の理解に基づいて「権利」
という語を創出したのである。

　丁韙良は『漢学菁華』の前言において、国際法の基本的理念が古代中国の
春秋戦国時代に芽生えたという理論は自分の創見だと主張した[1]。即ち、「古
代中国の国際法と外交が自分が独自的に辿りついた研究分野であると言って
も過言ではない。（中略）春秋（時代）の時事を一括してみると、公法に合う
ものが多い。そのころ、古代中国には確かに竹簡に載っている公法があるか
もしれない。はるか後の世まで伝わっていないか、また古代ギリシアのよう
に公法が欠損し、損ないに損ない、今になってタイトルだけが残っている」[2]
と。丁韙良は春秋戦国時代の諸侯の外交関係に興味を持った。そして、戦国
時代にすでに国際法の基礎がまとまっており、外交術の運用が注目を引き、
とくに蘇秦、張儀などの縦横家が政治や外交の舞台で腕をふるう機会を得た
と指摘した。

　丁氏にしてみると、公法は竹簡という実物が必ずしもあるとは限らない
が、時勢の面で言うと、戦乱と平和の交替が走馬灯のようにめまぐるしい時
代において、公法が時運に乗って現れるのも何の不思議もないであろう。こ
こをもって、『周礼』、『春秋』はいずれも言及した。礼崩れて楽曲壊る（礼

---

[1] 丁韙良のほかに、馮桂芬、王韜、鄭観応も同じような考えを持っている。詳しくは張衛明《洋務
　　時期国人対近代国際局勢与国際公法的比附》、世界経済与政治、2010 年 6 期を参照されたい。
[2] 丁韙良著、沈弘等譯：《漢学菁華》、世界圖書出版社、2010 年 4 月出版、前言。

教の規章制度が破壊されること）後世においては、『春秋』によって、礼教が再構築されることになるしかない。孔子の「権利」は利害得失をはかるだけでなく、「利」の正当性と正義性をもはからなければならない。それは即ち「微言大義（簡潔な言葉の中に、深い意味や道理が含まれていること）」ということである。『春秋』があってこそ、丁氏は「中国も泰西公法に従って各国と交際することを喜んでいる」、また「公法の本はいつか天下の万国に遵守されるに違いない。遂にそれをもって世界平和の規準を立てることになる。夢のみにすがるわけがなかろう」と抱負を語った。

　こうしてみると、丁韙良は中国に西洋の国際法を翻訳紹介する場合に、春秋戦国時代を念頭に入れてその思想や語彙を構築していたのであると言っても過言ではない。つまり、彼が儒学思想に束縛されずに直接的に春秋戦国時代の諸子から思想を汲んでいたのである。「利」という字は宋明理学のようにそれほどマイナスな意味を持っているのではなく、逆に諸子の指摘のように人間の本性につながるものとされた。そして、何の抵抗もなく丁氏の国際法体系に盛り込まれるようになった。

2. 日本における「権利」の変遷および定着

2.1 「権利」の伝来

　丁韙良の漢語訳『万国公法』は中国で刊行後、一年を経ずして日本に伝わり憂国の志士たちに読まれた。1865 年、1866 年の両年に限っても、幕末・明治維新に活躍した知識人が『万国公法』の輸入に素早い反応を示した[1]。安井息軒門下の米沢藩士雲井龍雄は横浜で購入し、勝海舟は松平春嶽に貸し出している[2]。そして需要の拡大により、中国からの輸入だけではまかなうことができなかったため、翻刻版[3]が日本で作られるようになった。その日本での最初の翻刻版は江戸幕府の洋学教育機関であり研究機関であった開成所でなされていた。翻刻作業に関わる可能性が大きいと思われる西周（1829 － 1897）と津田真道（829 － 1903）は 3 年後の 1868 年に、それぞれ国際法、そして西洋の憲法を紹介する『万国公法』と『泰西国法論』を刊行させた。二人が執筆する際、漢訳『万国公法』は自ずから格好の参考書となったに違いない。オランダ語に精通し、西洋の法律に対する理解が深かったはずの二人

---

[1] 増田渉「日中文化関係史の一面」、『西学東漸と中国事情』、岩波書店、1979 年、5 頁。

[2] 尾川昌法：「坂本龍馬と『万国公法』-「人権」の誕生（5）-」、『人権 21　調査と研究』166、2003 年、22 頁を参照のこと。

[3] 翻刻本、和訳本や注釈本が多く出された。

　翻刻本：西周訓点『万国公法』（京都崇実館存版、開成所翻刻、慶応元年）

　注釈本：高谷竜州注釈、中村正直批閲及び序文『万国公法蠡管』（済美黌、1876 年）

　和訳本：鄭右十郎・呉碩三郎共訳、平井義十郎校閲『和解万国公法』（未刊、1868 年）、堤殻士志訳『万国公法訳義』（御書物製本所版、1868 年）、重野安繹訳注『和訳万国公法』（鹿児島藩、1870 年）、また英文原文からの和訳も出ている。瓜生三寅訳述『交道起源』（一名万国公法全書）1 冊、慶応 4 年。大築拙蔵訳『万国公法』2 冊、明治 8 年（第 4 巻第 1 章のみの訳）。大築拙蔵訳『万国公法』1 冊、明治 15 年（全訳）。周　圓：丁［wei］良の生涯と『万国公法』漢訳の史的背景、一橋法学 9（3）、930 頁、2010 年 10 月。

であるが、漢訳語を多く借用していた[1]。

2.1.1　津田真道の『泰西法学要領』における用例

　津田真道は文久 2 年（1862 年）に幕命で西周とともにオランダに留学し、慶応元年（1865 年）に帰国した。津田真道と西周の二人は、ライデン大学において経済学、政治学を教えていたフィッセリング（Simon Vissering, 1818 － 1888）に、次の五科目を学んでいる。性法之学（Natuurregt　自然法）、万国公法之学（Volkenregt　国際公法）、国法之学（Staatsregt　国法学）、制産之学（Staatshuishoudkunde　経済学）、政表之学（Statistiek　統計学）などである。これらを「五科」と称し、帰国後は、その講義を翻訳、刊行していた。先に言及したように津田真道は国法之学（Staatsregt　国法学）の筆記を訳した。それが即ち『泰西国法論』である。『泰西法学要領』は 1863 － 1865 年に書かれ、稿本『泰西国法論』[2]に合綴され、その凡例として載せられているものである[3]。日本人の書いた最初の法学通論といわれる津田真道の『泰西法学要領』をみると、droit（仏語）、right（英語）、regt（蘭語）の意味を次のように訳している。

　　右の如くドロワ（仏語）、ライト（英語）、レグト（蘭語）は、本来正直
　　の義にて、我正大直方自立自主の理を伸る意を含む、然れ共諸国慣習の用
　　例其義一ならず、大略左の如し
　　其一　義の対にして権と訳すべし、譬ば借金を負ふ人はこれを償ふべき

---

[1] 孫建軍：「『義務』——日本語から中国語へ」、孔子学院中日文版 2014 年第 3 期（総第 24 期）、69、71 頁。

[2] 『泰西国法論』は、ライデン大学で西周とフィッセリングの授業を受けた津田真道が、帰国後、オランダ語で筆記した講義内容を訳したもの。泰西国法とは西洋諸国の国内法のことで、さまざまな法と政治体制について解説し、国民の権利や宰相の責務、国の財政の改善法なども具体的に記されている。

[3] 鄭英淑：「訳語『人権』の成立について」、日文研国際研究集会報告書第 26 集 https://nichibun.repo.nii.ac.jp/?action=pages_view_main&active_action=repository_view_main_item_detail&item_id=2730&item_no=1&page_id=41&block_id=63

義あり、貸せし人はこれを催促すべき権ある類なり、法学中此意味に用ふる処尤多し、故に法学又之を権学と訳すべし

其二　分と訳すべし、人各分あり、譬ば父死して子嗣ぐは子の分なり、売買は商の分、耕種は農の分にして、他人之を争ふべからざるが如し

其三　正直の本義にして、法律と相対す、蓋律法宜しく正しかるべし、然れども時ありて枉れる事あればなり

其四　国例と訳すべし、譬ば羅馬国例、法朗西国例と言ふが如し、此は羅馬国、法朗西国内に通行せる分と権あり

其五　一物一事各一定の条例あり、之を集成したる総合を云ふ、譬ば家法後見の権等の如し（彼国にては同義なれども、我邦にては一は権と訳すべし）

其六　学者を考へ道を講ず、其議論世の法とすべし、蓋此時は之を義と訳すべし

其七　直に之を法学と訳すべし

其八　司法院等聴訴のところを指す

其九　曲直理非を判ずる語を指す

其十　或は此語を仮り、非を枉て理と為す、譬ば至強の権てふ事を称するが如し（弱は強食を為るてふ語あり、是レ強者此至強の権を用ふるなり）[1]

これによると、津田真道は「ドロワ（仏語）、ライト（英語）、レグト（蘭語）」を「権」「分」「正直」「国例」「義」「法学」「司法院」などと訳したことがわかる。今の「権利」の意味に当たるものは「権」と「分」である。それらは中国における right や droit などの最初の訳語と一致している。『泰西国法論』（1866 年）はオランダ留学に得たフィッセリングの国法学の講義を訳した日本初の西洋法学の紹介書である。したがって、「権」「分」という訳語はオランダ語「レグト」（regt）を原語とすると考えられる。

---

[1]　大久保利謙：『明治啓蒙思想集』（『明治文学全集 3』）、筑摩書房、114 頁。

なお、同じ『泰西法学要領』の第六節では「古昔彼土に人奴あり、生殺与奪の権全く其主人に在りて、毫釐も権利を有（もた）たず、禽獣草木に等しく、唯主人所持の一物耳」[1]と「権利」も使用している。「生殺与奪の権」に対応するので「レグト」（regt）の意味として理解してよいであろう。これは日本最初の「権利」の使用例であると思われる。

　本来「正直の義」として理解していたはずの原語 regt に、津田は躊躇なく「権利」の語をあてた。深い儒学的教養をもって蘭学に進んだ津田真道は、「権利」の語の伝統的語感や「権利」以前の訳語についても知っていたが、それにもかかわらず「権利」という言葉を採用したのである。彼には、原語の起源にまで遡った知識があったために、いかなる訳語をあてようとも、それは問題にならなかったのであろうか[2]。

2.1.2　西周の訳著や著作における用例

　西周は万国公法之学（Volkenregt　国際公法）の筆記を訳出して『万国公法』という名前で刊行した。西周訳『万国公法』は丁韙良訳『万国公法』とは書名が同じであるにもかかわらず、その源が同じではないことがわかる。西周訳『万国公法』の凡例に「近キ頃ニテ美利堅人丁韙氏カ訳セル漢文ノ万国公法ヲ飜刻セラレタリ」[3]と書いてあり、それに訳本の随所で丁韙良訳『万国公法』の内容を引用し、対照を試みている。佐藤亨は丁韙良訳『万国公法』と西周『万国公法』を対照しながら共通の用語 130 余を取り出した。「権利」もその共通の用語の一つとして挙げられている[4]。したがって、西周と丁韙良訳『万国公法』の間の影響関係は否定できない。この点において、次の西周訳『万国公法』の目次を見てみよう。前にあげた丁氏「万国公法」の目次と

---

[1] フィッセリング著：『泰西国法論』巻 2，津田真道訳，三木佐助，15 頁。

[2] 出原正雄：「明治初期における『権利』観念について」、『近代社会における人権問題の研究＜特集＞』、1982 年 1 月、67、68 頁。

[3] 畢洒林著、西周訳：『万国公法』（慶応 4 年）。

[4] 佐藤亨著：『幕末・明治初期語彙の研究』、桜楓社、昭和 61 年 2 月。

2. 日本における「権利」の変遷および定着

比較してその関連性を見出すことができる。

番号	「権」という字が含まれている目次
1	人身上諸権ノ総論
2	万国平行ノ権
3	内事自主ノ権
4	居間ノ権
5	交際ノ権
6	物件上諸権ノ論
7	河海併ニ其他諸水ニ係ワル所有ノ権
8	興戦ノ権
9	交戦スル国ト局外ノ国トノ権義総論
10	国使ノ権総論
11	国使ノ権義

（万国公法. 第 1-4 巻 / 畢洒林［著］；西周助 訳　早稲田大学図書館古典籍総合データベースより）

　当時の国際環境のもとでは、regt は国家活動を規制する「法」というよりも国家権力を背景にした「権利」の意味にひきよせて捉えられたことは容易に想像がつく。西周の『万国公法』には「性法にて論ずる所は、権に二つあり、一つを自有の権といひ（人の性上に本きたる天然固有の権といふ）、一つを假有の権といふ（彼に依て此に得る権にして猶仮て己が有となるが如し）、丁（韙良）氏自有の原権、偶有の特権[1] と訳する者是なり」[2]とあるが、丁韙良のいう「自有の原権」と「偶有の特権」はあくまでも国際法上の国家の権利として使用されていたと考えられる。それに対して、西周の言う「自有の権」と「假有の権」は国家の権利にとどまらず、人間の権利を指すものとしても用いられている。つまり、人間の権利も国家の権利も「性法」の視点か

---

[1]　丁韙良訳《万国公法》には "凡自主之国相待，操権有二，日自有之原権，日偶有之特権。……若自主之国相待，因事而得権，此所謂偶有之特権。"（美）惠頓：《万国公法》（近代文献叢刊）、上海書店出版社、2002 年 1 月、28 頁。

[2]　畢洒林著、西周訳：『万国公法』（慶応 4 年）。

ら同一次元で捉えられている[1]。

西周は『百学連環』の第二編で、「英国に right という字あり。正或は直と訳する字にして、漢に於て之を権と訳せり」と記述している。そして、「別にライトなる字に適当したる文字の無きところより、権の字を訳せしものなり」と言うように、原語の意味と訳語の語感との間の開きを漠然と感じていた。この開きを埋めるために「義」の観念を導入する。「元来漢の考へと西洋の考へと異なる所にして、漢にては君臣義ありと言ひて、義は互にあるものにて、君の臣を使ふに義を以てすれば、臣の君に事るに義を以てすと考へしを、西洋にては之をライトとなし、各々自己に持有するものとし、君は臣を使ふ権を保有するときは、臣の君に事つるの義を持有し、或は君の臣を養ふへき義を持有するときは臣の君に養はるへき権を持有するものと考へしものなり……その上に使ふべき権を持つときは下之に事へるの権を有するを即ち right obligation といふ。その互に持有する所のライトを権と訳し、obligation なる字を義と訳せるなり」[2]と。つまり「権」と「義」で君臣間の権利義務の関係を説明しようとする。

西周の訳語選択のもう一つの側面として、「権利」の「利」の意味にかかわる問題がある。たとえば、西の場合、「権」や「権理」や「権利」という様々な用語が使われながらも、明治8（1875）年の「人生三宝説」という論説以後ほぼ「権利」の語に統一されていくといわれる[3]。それは、この「人生三宝説」で明確に主張され始めた功利主義思想と不可分であった。西周は私欲を積極的に肯定しているということである。特に、「富有」が「三宝」に含まれている。「儒教的禁欲主義や規範主義から人々を解放するところにねらいが」あり、また「公益ハ私利ノ総数ナリ」と言うように、私欲の上に公益が基礎

---

[1] 出原正雄：「明治初期における『権利』観念について」、『近代社会における人権問題の研究＜特集＞』、1982年1月、70頁。
[2] 大久保利謙編『西周全集　第四巻』、宗高書房、1981年。
[3] 出原正雄：「明治初期における『権利』観念について」、『近代社会における人権問題の研究＜特集＞』、1982年1月、70頁。

2. 日本における「権利」の変遷および定着

付けられていることを指摘してきた。つまり、私的利益の追求が「権利」を根拠づける「性」human nature の本質としてはっきりと肯定されるにいたった。権利がどのようにして生じるかについて、西周の見解は「権利は労力の結果」という言葉に表現されている。しかもここで言われる「労力」とは、「心力」と「体力」である。そこで、権利が労力により発生するとすれば、労力使用の時間の流れによって権利が生長発展していくことになる。そこで、西は権利の獲得が「積漸の力に由り、積漸の勢い」になると言うわけである。こうした見解は、現実の社会においては、各人の労力差があるから、二人ないし二つの団体の間で労力の相違があれば、当然権利差が生じることを含んでいる。それゆえ、西周は明治 10 年代初期には、「性法論」とともに「天賦人権」論をも否定するにいたったのである。

2.1.3　加藤弘之の著作における用例

加藤弘之（1836 － 1916）の『立憲政体略』（初版 1868 年）においても、「権利」という語が現れている。

> 君主擅制、君主専治、貴顕専治ノ如キハ天下億兆ヲ以テ君主・貴顕ノ私有僕妾トナス。僕妾其主命是レ奉ズルハ理ニ於テ固ヨリ当然ナリ。故ニ一ノ権利ヲ有スルコト能ハザルハ敢テ論ヲ俟タズ。惟立憲二政体ノ如キニ至テハ然ラズ。天下ヲ以テ君主・貴顕ノ私物トナスコトナク所謂天下ノ天下トナス。是故ニ其臣民タル者ノ身、自ラ権利ノ存スルアリ。権利ニ二類アリ、一ヲ私権ト称シ、二ヲ公権ト称ス。私権トハ私身ニ関係スル所ノ権利ニシテ、所謂任意自在ノ権ト称スル者是ナリ。公権トハ国事ニ預カルノ権利ヲ云フナリ[1]。

加藤弘之は津田真道、西周らと開成所の同僚で、お互いに付き合いが深く、最初の著作たる『隣草』を津田真道、西周へ回覧し、彼らの批評、添削により完成されたのである。加藤弘之の『立憲政体略』は津田真道の『泰西国法

---

[1] 加藤弘之：『立憲政体略』、谷山楼、1868 年、21、22 頁。

論』からの影響が色濃く見られ、加藤自身の研究成果をふまえた『泰西国法論』の解釈による要約とも考えられる[1]。加藤は、『立憲政体略』で権利を「私権」と「公権」とに区別し、その区別を価値中立的に紹介しているが、迫り来る対外的危機の中で何よりも国家体制の整備に意をそそいでいた。つまり、「私権」よりも「公権」こそ最大の関心事であったにちがいない。事実、民撰議院論争（明治7年2月）の中で、彼はこの区別の論理を「公権」に制限を加えるための論拠の一つとしてもち出したのである。

　そして、加藤弘之は、「権利」について明治3（1870）年の『真政大意』において、「さて人と申すものは、今から贅言するまでもなく、天のもっとも愛したもうものゆえ、人に限りては、万福を与えたもう天意と見えて、すべて軀幹の組み立てかたからいたして、その精神・才知の霊妙なることと申すことと申すものはけっして禽獣の類ではなく、その上にまた天性に種種様様の情があるが、中につきて、不羈自立を欲する情が第一に熾んなもので、ことにはこれが一身の幸福を招くべき紹介となるものと見える。例えばわれ人ともに、自分のしたいと思うことを思う存分にすれば快けれども、もしひょっと他人のために妨げられるようなことがあると、ただちに不快の心を生ずるは、誰しの人も同様なことで、これがすなわちこの情の天性にある確証でござるが、（中略）そこでかように結構な情でござるゆえ、またこの情を施す権利というものがありて、すべて人たるものは貴賎・上下・貧富・賢愚の別なく、けっして他人のために束縛拘束されるべきはずのものではな」[2]いと権利の天賦性を強調した。また「おのれに権利があれば、他人にもまたかならず同様に権利」がある以上、「他人の権利を尊重する」ことが「すなわち義務」[3]

---

[1] 田頭慎一郎『加藤弘之と明治国家——ある「官僚学者」の生涯と思想——』35，44，87頁を参照のこと。

[2] 加藤弘之:『真政大意』、植手通有編『日本の名著34 西周、加藤弘之』、中央公論社、1997年、350頁。

[3] 加藤弘之:『真政大意』、植手通有編『日本の名著34 西周、加藤弘之』、中央公論社、1997年、350頁。

だと述べて、権利と義務の相対関係を明らかにした。

こうした論述はロックの自然権利学説と通底するものがある。すなわち、権利は、個別に獲得すべき力ではなく、「不羈自立の情」を施す「天性にある」ものとされる。この時期の加藤弘之にしてみると、すべての人間は権力も奪うことができぬ一定の権利をア・プリオリに賦与されているのである。

他方で、留意すべきは、西周と同じように、加藤も政府と人民との権利義務の関係を強調する点である。すなわち、政府の権利とは「臣民ヲ制馭シテ其命令ニ服従セシムベキ権利」および「天下ノ公費ヲ贖フタメニ、臣民ヨリ租税ヲ取ルベキ権利」であり、それは臣民の側からみればそのまま義務となり、また「政府ノ保護ヲ受クベキ権利」および「天下ノ同利ヲ共ニ受クベキ権利」が臣民の権利だとすれば、その逆が政府の義務として表明されるにすぎない。権利を持つ者と義務を持つ者とは、相互性ではなく、両者の上下関係のみを規定しているように考えられる。後述する福沢の事例に較べれば、加藤は権利義務を何よりも上下関係において論じている点で西と共通していた。政府の権利が重要な位置を占め、臣民の権利は単なる受益者のそれに限定されている。それは、政府と人民との間に介在する公的な権力関係の形成に関する認識があいまいにされていたからである。ここに、いわゆる「権」という語の二重性、すなわち right と power の緊張関係を不問のままにしておいた一つの要因があり、その帰結が「強者の権利」という加藤の主張のなかに見い出されるように思われる[1]。

2.1.4 箕作麟祥の用例

大槻文彦（1907）は『箕作麟祥君傳』の中で、次のように述べている。

是より先き明治二年、麟祥君は大学南校にありし頃、政府より仏蘭西刑法の翻譯を命ぜられて成り、尋で、民法商法、訴訟法、治罪法、憲法などを譯して成り、而して文部

---

[1] 出原正雄：「明治初期における『権利』観念について」、『近代社会における人権問題の研究＜特集＞』、1982 年 1 月、73、74 頁。

省にて之を開板せり、是れ、邦人が仏蘭西法律の如何なるものなるかを知れる初なり、然れども、書中、誤譯も小からざりき、当時、法律学まだ開けず、麟祥君、まだ其学を知らず、注釋書なく、辞書なく、教師なく、難解の分に、非常に苦辛し、わが国人の思想になき事多ければ、例の如く、譯語なきに困却し、漢学者に聞けとも答ふる者なく、新たに作れば、さる熟語はなしとて、人は許さず、権利義務の譯語の如きは、支那譯の万国公法に、「ライト／オブリゲーション」を譯してありしよりとりしかど、其他、動産、不動産、義務相殺、未必条件などいふ語等およそ法律の譯語は皆麟祥君が困苦して新作せしものにて殊に治罪法などいふ語は苦心の後に成れるものなりと云ふ辻士革、多く其議に参したり[1]。

　しかし、箕作麟祥（1846 － 1897）がいつどのように「権利」という語を訳出したかについては直接の証拠がない。箕作麟祥は 1861 年（文久元年）に 15 歳の若さで蕃書調所の英学教授手伝並出役となり、1864 年（元治元年）には外国奉行支配翻訳御用頭取となり、福澤諭吉・福地源一郎らとともに、英文外交文書の翻訳に従事した。また、津田真道や西周、加藤弘之とは同僚の関係にあった。明治 2 年（1869 年）、箕作麟祥は、政府からフランスの刑法の翻訳を命じられた。続いて、民法や商法、訴訟法、治罪法も翻訳し、これらは『仏蘭西法律書』と題して刊行された。『仏蘭西法律書』は、初めて日本に近代的な法典を紹介し、多くの法律用語を定着させた。また近代的裁判制度への大きな転換期にあって、手探り状態の中で裁判にあたっていた当時の司法官や、その後の日本の近代的法制度の整備に多大な影響を与え、日本における法律学の基礎を築いたと言っても過言ではない。箕作麟祥は主として仏蘭西の法典を訳したので、丁韙良訳『万国公法』を参考にし、droit を right に置き換えてそのまま使ったことが推察される。

　箕作麟祥は『国際法』を訳した。その目次にも「権利」（及び「権」）という語が頻出する。

---

[1] 大槻文彦：箕作麟祥君傳、丸善、1907 年、88、89 頁。

上編　国ノ要権及ヒ平和時ノ権利義務

　第一章　国ノ不羈ノ権及ヒ他国ノ内事ニ関渉ス可カラサル義務及ヒ例外ノ規則

　　　　　　従第三十六条至第五十一条

　第二章　各国土地ヲ有スルノ権及ヒ掌物ノ権附海河川渚ニ付キ専有ノ権ヲ抛棄シタル

　　　　　事　従第五十二条至第五十八条

　第三章　各国交通ノ権附国内ニ在留スル外国人ノ権利義務

　　　　　　従第五十九条至第八十一条

　第四章　各国交通ノ法則及ヒ通使ノ事　従第八十二条至第九十六条

　第五章　各国結約ノ権　従第九十七条至第百九条

下編　戦時ノ国際法例

　第一章　各国自護ノ権及ヒ交戦奪獲ノ事並ニ和議条約ノ事

　　　　　　従第百十条至第百五十四条

　第二章　交戦国ト局外中立国トノ交際　従第百五十五条至第二百二条

2.1.5　意味のズレ

　津田真道や西周は「権利」をオランダ語 regt の訳語として当て、加藤弘之は「権利」をオランダ語 regt やドイツ語 Recht の訳語として使ったのであろう。幕末〜明治初期の日本は、西洋思想の輸入に関して、英独仏蘭などある種の多言語・多文化主義を採用していたため、「権利」という言葉が、英語のright だけでなく、droit（仏語）、Recht（独語）、regt（蘭語）などの訳語でもあったということにも留意すべきであろう。そして、これらの言葉がいずれも形容詞としては「正しい」という意味を持っていること、また、英語では「権利」を意味する right と「法」を意味する law とは別の言葉であるが、フランス語、ドイツ語、オランダ語では、droit、Recht、regt が同時に「法」という意味も持っており、さらにドイツ語の Recht とオランダ語の regtには「正義」という意味もある、ということにも留意が必要であろう。つまり、「権利」という語は中国に起源を発し、オランダ語 regt やフランス語

droit や英語 right やドイツ語 Recht の翻訳語として日本で選ばれ、今日の用法として落ち着いたと考えられる。

　法令の公用語として用いられた「権利」は「誠実・正直」と「裁判所・訴訟」という二つの観念が脱落し、かわって力とか利益とかがその中心観念としてすえられた[1]。オランダ語 regt やフランス語 droit や英語 right やドイツ語 Recht は多彩な意味をもつ言葉であった。それに対して「権利」という訳語は「法によって保護された意思の力と利益」というきわめて狭い意味をもつようになった。一方、「泰西国法要領」で示した「ドロワ（仏語）、ライト（英語）、レグト（蘭語）」の意味から「其三、正直の本義にして、法律と相対す、蓋律法宜しく正しかるべし、然れども時ありて枉れる事あればなり」と「其八、司法院等聴訴のところを指す」という二つの意味が脱落した。

　「権利」が上述のように「力」を中心観念とするようになったのは柳父章の述べたように自然法と実定法の対立と関連を持っている。即ち、

　　　right は、西欧思想史上、むしろ力とは、厳しく対立する意味の言葉であった。西欧近代における right の意味を、はっきり自覚し、指摘したのは、十七世紀半ば頃のホッブスである。right と law について、right は、ある事をするかしないかの自由にあるのに対して、law はそのどちらかに決定し、束縛する、と『レバイヤサン』の中で言っている。right は古代以来の自然法と同じ流れを汲んでいる。その自然法は、権力によってうちたてられる人為の法と違い、別の秩序に属する法である。この自然法が、ホッブスやロックやルソーによって、right という観念に受け継がれたのである[2]。

　つまり、right は自然法の視点から見ると、正義が中心観念とされる。其れに対して、「権利」という語には「正義」の価値判断が薄れて力の意味がクローズアップされるようになる。その意味はどのように生まれたのかというと、日本語訳の角度から見ると、オランダ語 regt、フランス語 droit やドイツ語 Recht に源を発したであろう。なぜなら、オランダ語 regt やフランス語

---

[1] 熊谷開作：『近代日本の法学と法意識』、法律文化社、1991 年、120 － 140 頁。
[2] 柳父章：『翻訳語成立事情』、岩波新書、1982 年、161 頁。

droit、ドイツ語 Recht はいずれも right と law という二つの意味をもっているからである。「権利」はそういう意味を受け継いで、法によって与えられた力と利益という意味になった。

2.2 right（あるいは droit、Recht、regt）のいくつかの訳語

　明治初期において、right（あるいは droit、Recht、regt）の訳語は「権利」だけではなかった。「通義」、「権理」、「権理通義」なども挙げられる。翻訳とは原文の意味内容を消化し吸収した上で再びそれを別の言葉で表現するものである。外来の単語を訳す際、既存の用語を使って訳すことができるのか、あるいは全く新しく言葉を作る必要があるのか、翻訳者はそれを決定しなければならず、そこには翻訳者の思想が現れざるを得ない。また、全く未知の思想に触れることになる読者を説得するために、原文を離れて、読者にとってなじみの深い思想や事例を使って説明することも多くなされていた。「通義」、「権理」、「権理通義」はいずれも福沢諭吉の著作に現れ、それなりの説明も見出すことができる。以下、福沢の訳語に焦点を合わせて、その使用例を報告し、四つの言葉の意味合いおよびそれぞれの間の関係、そして、その交替のプロセスを解明することにある。そして、「権利」と「権理」との比較を通じて、その思想史的背景を考察していく。最後、明六雑誌コーパスを利用して『明六雑誌』における「権理」、「権利」、「権義」、「通義」の使用状況を概観しよう。

2.2.1　福沢著作における right の訳語

　西周らの訳語選択の企てと較べれば、福沢における原語 right の翻訳史は、それとは対蹠的なものであった。周知のように、彼は right の訳語として、『西洋事情』（1866—1870 年）では「通義」の語を用いている。彼にあっては、right は最も翻訳困難な観念の一つであり、しかもそのことは痛切に自覚されていた。彼は常に次のような感慨を抱きながら right の観念に対面してい

たのである。

(1) 普天の下、卒土の浜、均しく是れ人類なれば、その天然の性情は億兆皆同一軌なり
と雖も、その国体風俗に至ては則ち然らず。此の所軽を彼に重んじ、彼の所重を此に軽
んずるの差異なきに非ざれば、彼の常言も我耳に新しきことありて、洋書を翻訳する
に臨み、或は妥当の訳字なくして訳者の困却すること常に少なからず。譬えば訳書中に
往々自由^{原語「リベルチ」}通義^{原語「ライト」}の字を用いたること多しと雖ども、実は是等の訳字を
以て原意を尽すに足らず。就中、この篇の巻首には専ら自由通義の議論を記したるもの
なれば、特に先ずこの二字の義を註解して訳書を読む者の便覧に供すること左の如し。
（西洋事情、二編、7 ページ）

「通義」の訳語は right の「原意」を尽しているわけではないが[1]、それで
も今はこの語を仮りにあてておこうというのである。福沢が原語と訳語との
関係に絶えず敏感であったのは、民衆啓蒙の観点と「文化接触」の方法的自
覚があったからであろう。

イ．通義

慶應義塾大学の『デジタルで読む福沢諭吉』[2]で「通義」を検索にかけてみ
ると、『西洋事情．初編．二』(1866 年) 8 例、『西洋事情．外編．一』(1868
年) 8 例、『西洋事情．外編．二』(1868 年) 4 例、『西洋事情．二編．一』
(1870 年) 52 例、『西洋事情．二編．三』(1870 年) 1 例、『童蒙をしへ草．初
編．一』(1872 年) 1 例、『童蒙をしへ草．初編．三』(1872 年) 1 例、『童蒙
をしへ草．二編．四』(1872 年) 3 例、『學問ノスヽメ．二編』(1873 年) 2 例
という「通義」の単独使用例の結果が出てくる。

福沢諭吉は『西洋事情．初編．二』の中でアメリカの独立宣言を翻訳した。
その原文と訳文を対照してみると、right が通義に訳されたことが分かる。

---

[1] 「通義」は中国の漢籍においてすでに現れた。「世間に広く通用する道理」という意味を表す。例
えば、治於人者食人、治人者食於人、天下之通義也＝人に治めらるる者は人を食ひ、人を治むる
者は人に食はるる、天下の通義なり〔孟子・滕上〕。
[2] http://project.lib.keio.ac.jp/dg_kul/fukuzawa_tbl.php

2. 日本における「権利」の変遷および定着

原文：

(2)When in the course of human events, it becomes necessary for one people to dissolve the political bands which have connected them with another, and to assume among the powers of the earth, the separate and equal station to which the laws Nature and Nature's God entitle them, a decent respect to the opinions of mankind requires that they should declare the causes which impel them to the separation.

We hold these truths to be self-evident, that all men are created equal, that they are endowed by their Creator with certain unalienable rights, that they are among these are life, liberty and the pursuit of happiness. That to secure these rights, governments are instituted among them, deriving their just power from the consent of the governed. That whenever any form of government becomes destructive of these ends, it is the right of the people to alter or to abolish it, and to institute new government.

訳文：

　人生已むを得さるの時運にて、一族の人民他国の政治を離れ、物理天道の自然に従て世界中の万国と同列し、別に一国を建るの時に至ては、その建国する所以の原因を述べ、人心を察して之に布告せざるを得ず。

　天の人を生するは億兆皆同一轍にて、之に附与するに動かす可からざるの通義を以てす。即ちその通義とは人の自から生命を保し自由を求め幸福を祈るの類にて、他より之を如何ともすべからざるものなり。人間に政府を立る所以は、この通義を固くするための趣旨にて、政府たらんものはその臣民に満足を得せしめ初て真に権威あると云うべし。政府の処置、この趣旨に戻るときは、則之を変革し或は之（これ）を倒して、更にこの大趣旨に基き、人の安全幸福を保つべき新政府を立るも又人民の通義なり是余輩の弁論を俟たずして明了なるべし。

福沢諭吉は「通義」の意味について次のように述べていた。

73

(3)「ライト」とは元来正直の義なり。漢人の訳にも正の字を用い、或は非の字に反して是非と対用せしもあり。正理に従て人間の職分を勤め邪曲なきの趣意なり。又この字義より転じて、求むべき理と云う義に用ゆることあり。漢訳に達義、<u>通義</u>等の字を用いたれども、詳に解し難し。元来求むべき理とは、催促する筈、又は求ても当然のことゝ云う義なり。譬えば至当の職分なくして求むべきの<u>通義</u>なしと云う語あり。即ち己が身に為すべき事をば為さずして他人へ向い求め催促する筈はなしと云う義なり。又事を為すべき権と云う義あり。即ち罪人を取押るは市中廻方の権なり。又当然に所持する筈のことゝ云う義あり。即ち私有の<u>通義</u>と云えば、私有の物を所持する筈の<u>通義</u>と云うことなり。理外の物に対しては我<u>通義</u>なしとは、道理に叶わぬ物を取る筈はなしと云う義なり。人生の自由はその<u>通義</u>なりとは、人は生ながら独立不羈にして、束縛を被るの由縁なく、自由自在なるべき筈の道理を持つと云うことなり。(**西洋事情、二編、11—13 ページ**)

　「通義」という漢語には、right のもっている「正当性」の意味が含まれている。福沢はその意味を基に、さらに、「他人へ向い求め催促する」ことを当然とすること、「事を為すべき権」、「私有の物を所持すること」を当然とすることといった三つの意味内容を派生させる。

　そして、福沢諭吉にしてみれば、「通義」は「生まれながら独立不羈にして、束縛を被るの由縁なく、自由自在なるべき筈の道理を持つ」ものである。すなわち、天賦性を持っている。その天賦性について、次の諸例を見てみよう。

(4) 人生の<u>通義</u>及びその職分天より人に生を与れば、又従てその生を保つべきは才力を与う。然れども人、若しその天与の才力を活用するに当て心身の自由を得ざれば、才力共に用を為さず。(中略)その生るゝや束縛せらるゝことなく、天より附与せられたる自主自由の<u>通義</u>は、売るべからず亦買うべからず。人としてその行いを正うし他の妨を為すに非ざれば、国法に於てもその身の自由を奪取ること能わず。(**西洋事情、外編、21 － 22 ページ**)

(5) 又人の天稟に於て自から身を重んじ身を愛するの性あらざる者なし。是亦造物主の

2. 日本における「権利」の変遷および定着

深意に出ることなれば、人々にこの天性を遂げしめざるべからず。是即ち万民同一轍の<u>通義</u>にて、人の生ながら知る所なり。抑々人生に才不才あり、時に遇不遇ありて、同一の人類と雖ども、貴賤、貧富、智愚、強弱の差、雲壌懸隔して、その形同じからざるに似たれども、その実に就て之を視れば、生命を存じ自由を求め身を重んじ物を保つの<u>通義</u>を妨ることなし。人各々その<u>通義</u>を遑うして天性を束縛することなければ、又従てその職分を勤めざるべからず。之を譬（たと）えば家業を営て運上を納るが如し。自から衣食を求め又家族の為めに之を給して、他人の煩を為さゞるように心掛るは、人たる者の職分なり。世に法律ありて、我身体を保ち我<u>通義</u>を達することを得るが故に、小心翼々、以てその法律を尊敬せざるべからず。是亦人たる者の職分なり。**（西洋事情、外編、24 － 25 ページ）**

(6) 人生の<u>通義</u>は仮令一人無係の身を以て之を論ずるも、世俗交際の身に就て之を論ずるも、私公の別あることなく、その<u>通義</u>は必ずその人に属するものにて、且国法に在ても人の通義は動かすべからざるものとせり。人生無係の<u>通義</u>とは、その個条多しと雖ども、先ず綱領を挙て名義を下さば、即ち人生天賦の自由なり。自由とは何ぞや。我心に可なりと思う所に従て事を為すを云う。その事を為すや、只天地の定理に従て取捨するのみにして、その他何等の事故あるも、分毫も敢て束縛せらるゝこと無く、分毫も敢て屈撓すること無し。以上の論は全く世間に関係せざる<u>通義</u>自由を云うことゝ思うべし然りと雖ども、人として既に世俗人間の交際に加わるときは、この交際上よりして我に得る所の恵沢神益も亦大なれば、之を償うが為めに天の賦与せる一身の自由をも聊かは棄却する所なかるべからず。**（西洋事情、二編、26 － 27 ページ）**

　この三つの例において言われている「通義」は造物主や天からの賜わりもので、生まれながらもっているものである。そういう「自主自由の通義」「万民同一轍の通義」はいわゆる天賦人権論としてすでに一般的に広く知られた。「造物主」や「天」が指しているものは何か、この点について具体的な説明がないが、抽象的な感じを覚えている。むしろこの「造物主」や「天」は儒教の自然や天の理念とつながりがあるのであろう。

75

そして、福沢は「通義」と「国家」や「法」との間の関係について次のように論じていた。

(7) 都て国法の趣旨は、人の<u>通義</u>を達し人の生命を保ち、業を営み身を安んぜしむるの大本なれば、之を蔑視して畏れざる者は、自からその愚を表するに等し。若し又事実不便の法あらば、国議に由て穏に（おだやか）之を改正し、その弊を除て妨なきことなり。**（西洋事情、外編、31 ページ）**

(8) 世の開るに従て、小弱無力の者、相共に謀て、人々の<u>通義</u>を達し生命を保護する為めの処置を設け、これを国の制度と名けり。元来制度の目的とする所は、人の強弱智愚に拘わらず、各々その生命を安んじその私有を保たしめんとする趣旨なるが故に、無謀過激の徒は之を忌みこの法則を破らんとしたれども、衆寡敵し難く、遂に理を以て力を制し、一定の制度を施行することを得たり。是即ち世に政府の起りし本源なり。政府とは人心を集めて一体と為し、力を以て衆人の意を達せしむる所以のものなり。草昧の始は、先ず法を設て然る後に人を制したるものか、或は人々交際の上に自から法を生ずるものか、その前後得て知るべからず。然れども人あれば必ず法なかるべからざるの理なれば、人間交際の始より同時にその法も定り、両様相共に進歩するものなるべし。凡そ地球上、人類の集る所には、人々互にその<u>通義</u>を知り、自から一種の政府を建ざるものなし。亜非利加の南方に「ボスマン」とて一種の野民あり。その民嘗て世に政府のあることを知らずと云えり。**（西洋事情、外編、107 − 108 ページ）**

(9) 即ち政府は確実寛大を主として動かず、国民はその<u>通義</u>と職分とを知り、躬から謹慎して粗暴の挙動を為さず、悪俗弊風は唯政府の法を以て防ぐべきことなり。**（西洋事情、外編、二、6 ページ）**

　すなわち、人々は通義を達し、生命を保護するため、制度をつくり、政府を立てるわけである。政府や制度の目的は人の強弱智愚に拘わらず、各々その生命を安んじさせ、その私有を守り、理を以て力を制しするためである。

2. 日本における「権利」の変遷および定着

これはホッブズの自然権利論によく似ている。『リヴァイアサン』(1651) においてホッブズは、人間にとってもっとも重要なことは生命の保存〔自己保存 (self preservation)〕である、そして人間は生きるためにはいかなることをしてもよい、生まれながらの権利〔自然権 (natural right)〕をもっている、という。ところで、かつて人間は、法律も政府も知らない自然状態 (state of nature) にあったが、ここでは、各人が自然権を行使すれば各人の各人に対する戦争状態も生じた。これでは、ホッブズはせっかく人間が自己保存のために自然権をもっていたとしても、かえって生命の危険にさらされる状態が発生する可能性が高い。そこで、人間は心の内にある理性の声が教える、自己保存のための諸条件すなわち自然法 (law of nature) の教えに従って平和を確保する必要がある。そこで、人間は契約を結び、各人のもつ自然権を放棄して、各人のもつ力を結集してより大きな集団的力をもつ政治社会をつくり、その力を行使する権限を 1 人の人あるいは少数の集団（これが主権者である）に与え、各人の自由や生命の安全を保障する法律を制定することを委託し、各人はその法律に従うことによって平和に安全に生きよ、という。このホッブズの政治理論のなかに、近代国家における民主主義思想の基本原理がほとんど出尽くしている。例えば、生命の尊重＝基本的人権の尊重、同意・契約による政治社会（国家）の設立＝国民主権主義、主権者による法律の制定と執行＝法の支配、政治社会設立の目的としての平和の確立、などである[1]。

　福沢の「通義」はそういう自然権利思想との共通性をもっているが、「国法の趣旨は、人の通義を達し人の生命を保ち、業を営み身を安んぜしむるの大本なれば、之を蔑視して畏れざる者は、自からその愚を表するに等し」と言ったように、国法や制度は合法性を賦与され、もって「無謀過激の徒を制」するように用いられている。ゆえに「国民はその通義と職分とを知り、躬から謹慎して」国法に従わなければならい。つまり、国民の順法精神が強調さ

---

[1] ホッブズ著、水田洋訳：『リヴァイアサン』、岩波書店、1992 年、216 - 235 頁。

れている。その背後に「職分論」の色彩も窺える。

> （10）一身の<u>通義</u>は、天下の衆人各々皆これを達すべきの理なり。概して之を人間当務の職分と称す。又人の身に在ては天然と人為との別あり。天然の身とは天より生じたる儘（まま）の身を云い、人為の身とは、同社又は政府を建るが為め、人智を以て法律を設け、この法律に従て進退するものを云う。譬えば某の同社と云い、某政府の官員と云うが如き、皆是なり。一身の<u>通義</u>にも亦有係と無係との別あり。無係の<u>通義</u>とは只一人の身に属し他に関係なきものを云う。有係の<u>通義</u>とは世俗に居り世人と交りて互に関係する所の<u>通義</u>を云う。今この条に於ては無係の<u>通義</u>のみを論ず。右の故を以て、無係の<u>通義</u>は人の天賦に属したるものなれば、天下の衆人、世俗の内に交るものも、又は世俗の外に特立するものも、均しく共にこの<u>通義</u>を達すべき理なり。然れども一身当務の職分は稍々その旨を異にし、人為の法律に由て人を責め要して之を守らしむべきにあらず。但国法の旨とする所は人の行為動作を正し之を制するものなりとは雖ども、元来世俗の交際上に就てのみ施行するものなれば、一身の職分に関係せず、只世俗交際の職分を責むべきのみ。**（西洋事情、二編、20 ― 24 ページ）**

「職分論」は幕藩領主の農民からの年貢収奪を基本とする幕藩制的な支配秩序を正当化し、その支配秩序の維持へと被支配人民を動員していくための支配イデオロギーであったが、一面では社会的に伸張しつつある町人を主とする庶民層の自己認識に基づく思想的自覚を反映していた。職分論は社会的分業の当時のありかた、すなわち身分制的に規制された生業を、衣食住の物質的生活を支える有用なものとして捉えるとともに、人間がなすべき道徳的責務として倫理的に肯定した。職分の語は当時にあってこの二重の意味をもっている。職分論では職分は天職として捉えられ、個々の職分を統合する背景として儒教的な天を想定するものが多い[1]。福沢の場合、「権利」とは、身分的拘束からの解放と職業選択の自由を前提にし、各人が自由な意志によって身を置く生活空間の中で自己の「天稟の才能」を思う存分に発揮して、他

---

[1] 佐久間正：「職分論」『日本思想史辞典』（子安宣邦監修・桂島宣弘）、ぺりかん社、2001 年、269 頁。

2. 日本における「権利」の変遷および定着

人の領域をみだりに犯さないということであったが、この内容はそのまま「職分」観念にあてはまるとされる。この「職分」観念は、人間に内在する道徳的「正義」を媒介にして「通義」観念に即応していたのであった。

すなわち、「通義」は正当性を持つのみならず、「お互いに人の妨げをなさず」という制約がついていた。自分の権利を主張するためにまず自分の分を安んじ、自分の義務を尽くすべきだというのである。

(11)他人の天然の通義に就き誠を尽す事この世にある人は天の道に従ひ其身と心とを自由自在にすべき筈の理あり、これを人の通義と云ふ。他人に対して失礼にもあらず又他人の害にもならぬことなれば我思のまゝに事をなすも差支あることなし。又世の太平を害することにあらざれば我思のまゝに事を考へ、我思のまゝに言葉を発するも是亦差支あることなし。故に他人を以て我スレイヴと為すか、或は物事に害を為さゞる人を制して我心に従はしめ、我心を以て其人の身を制し、当人をして思ひのまゝに事を為さしめず思のまゝに事を考へしめざるは大なる乱暴にて、其人の通義を害するの甚だしきものと云ふべし。其これを害するの罪は当人の地面を奪ひ或は其金を盗むに異なることなし。
（童蒙をしへ草、二編、四、3－4ページ）

すべての人間は権力も奪うことができない一定の権利をア・プリオリに賦与されているという。福沢諭吉は儒教的な宇宙万物の主宰としての天の観念、あるいは人間にはア・プリオリに道徳性が賦与されているという儒教的な観念などを媒介として、近代西欧の自然権（natural rights）の観念を導入して天賦人権論を構成した。福沢諭吉はこういう論説を用いて封建的身分制の打破を叫び、明治政府が自由・平等な人民の同意によって設立された政権であるとしてその正当性を弁証した。

福沢諭吉の使う「通義」は広く広まらなかったのである。参考として、ここで、「明六雑誌」に見られる「通義」の用例をいくつか選んで説明してみよう[1]。

(ア) 故ニ譬ヘバ人妻姦ノ如キモ夫ノ告ルヲ竢テ始テ之ヲ刑典ニ附ス是万国ノ通義ナリ（津

---

[1] 薗部千鶴：「「権義」小考」『日本文学』50号、1978年9月30日、8、9頁。

田真道二十号ウ）

（イ）如此ニシテ僧徒ノ叛服ヲ一層堅実ニシ又他国ノ臣民及ヒ高官ニ在ル者ヲシテ半ハ之
　　　カ臣隷タラシムルニ至ル豈之ヲ世交ノ通義ヲ破リ政法ノ基礎ヲ動カスト云ハサルヘケ
　　　ンヤ（柴田六号八ウ）

（ウ）各人通義（柴田六号九オ）

（エ）是ニ由テ世交ニ混入スト雖決シテ此情義ヲ放チ得可ラス之ヲ行フニ緊要ナル自由ヲ
　　　失フ可ラス是レ本然侵シ難キノ通義ナリ（柴田六号九オ）

（オ）若シ国宗ニ異ナル宗教ヲ信スル人民其数甚タ多カラス然モ政府之ヲ国内ニ許シ置ク
　　　ヲ不可ト為ス時ハ其異宗人民各其所有ノ土地ヲ買却シ家族ト共ニ其国ヲ去リ又総テ其
　　　家産ヲ携去スルノ通義ヲ有スヘシ（柴田六号九オ）

（カ）又曰ク先其通義権理ヲ保護セシメ自尊自重天下ト憂楽ヲ共ニスルノ気象ヲ起サシム
　　　ト（西周三号十オ）

　以上の用例から見ると、（ア）（イ）（エ）の「通義」は一般に「世間に広く
通用する道理」という意味で、（ウ）（オ）（カ）の「通義」は福沢諭吉の「通
義」と同じ意味である。よって、right の訳語として使う「通義」はまだ通
用性をもっていない。

　「通義」を『明治のことば辞典』で調べてみても、right の訳語として使
われる「通義」はまだ一般性をもっていない。

　　　『附音挿図英和字彙・明6』right

　　　『袖珍和訳英辞書・明6』right

　　　『布告律令字引・明9』義務権理と意同ジ。

　　　『哲学字彙・明14』Right

　　　『英和双解字典・明18』right

　　　『和英語林集成＜三版＞・明19』Universal or general
principle:chuko watenka no-nari

　　　『漢英対照いろは辞典・明21』　一般には行なわれて人の信じる言。
Universally acknowledged truth,established truth.

　　　『言海・明24』　人間押シナベテノ道理

『実用漢語活益辞典・明25』　ヒトトホリコトガラ。

『日本大辞書・明26』　スベテ人間押シナベテノ道理。

『日本大辞典・明29』　普通の筋道。普通の意味。

『和英大辞典・明29』　Universal, or generally accepted, principle.

『ことばの泉・明31』　世間一般の道理。

『新編熟語辞典・明33』　イヅレニモツウズルスヂミチナリ。

『辞林・明44』　世間一般に通ずる理義。

『新式辞典・大1』　世間一般に通ずる理義。

『式辞林・大2』　世間一般に通ずる理義。

（『明治のことば辞典』より）

　単独で「通義」というと、その意味合いは人々に知られていたが、その外延は曖昧で、一体何が通義であるかはっきりしない。こういう訳語は実に思想の伝播に支障をもたらした。福沢諭吉は「通義」のかわりに「権理」という語を使うようになったのはそのためであろう。

ロ．権理

　慶應義塾大学の『デジタルで読む福沢諭吉』で「権理」を検索にかけてみると、『學問ノスヽメ．二編』（1873年）4例、『通俗民權論』（1878年）7例、『民情一新』（1879年）5例、『民間経済録．二編』（1880年）1例、『時事大勢論』（1882年）4例、『品行論』（1885年）1例、『日本男子論』（1888年）1例という「権理」の単独使用例の結果が出てくる。

　具体的な例は次のようである。

(12) 地頭と百姓とは、有様を異にすれども、その権理を異にするに非ず。百姓の身に痛きことは地頭の身にも痛き筈なり、地頭の口に甘きものは百姓の口にも甘からん。痛きものを遠ざけ甘きものを取るは人の情欲なり、他の妨を為さずして達すべきの情を達するは、即ち人の権理なり。この権理に至っては地頭も百姓も厘毛の軽重あることなし。唯地頭は富て強く、百姓は貧にして弱きのみ。貧富強弱は人の有様にて固より同じかるべからず。然るに今、富強の勢を以て貧弱なる者へ無理を加えんとするは、有様の不同な

るが故にとて他の権理を害するにあらずや。（**學問ノスヽメ．二編 11 − 12 ページ**）

（13）前略、この時に当て「モスコー」及び「ペイトルスボルフ」の書生輩、漸く上国の新説を伝聞して之を悦び、三十年来、英、仏、日耳曼に発兌したる新版の諸書を購うて私に之を読み、就中「ホブス」「フヲグト・ボツクル」「ダーウヰン」「ベンザム」「リュージ」「スチユアルト・ミル」「ロイスブランク」等、諸大家の明説卓論に逢えば大に感なきを得ず。天地間に人間社会は魯国のみと思い、政府は唯魯政府のみと思いしに、豈計らんや、国境一帯の山を踰え一葦の水を渡れば文明の別乾坤を開て、別に政府あり又人民ありその人民は固有の権理なる者を持張して人事の秩序自から紊れざる者ありとは亦奇ならずや、唯奇と称すべきのみに非ず、亦美ならずや、彼れも人なり我れも人なり、我れはその美を取て之に倣わんとて、その状恰も暁鐘夢を破るが如く春雷蟄を啓くが如く、復た蠢爾として旧乾坤に棲息すべからず、世上の物論漸く沸騰せんとする……。（**民情、新、94 − 95 ページ** ）

　上記の例から見ると、福沢諭吉の「権理」は「通義」と同じように権利の平等性と正当性を強調する。福沢諭吉は最初は「利」を捨てて「理」を選んだ。それは「利」の概念に対して抵抗があったからではなかろうか。

　「権理」は字面において「理」ある「権」、あるいは「理」に基づく「権」という意味で、right の意味をできるだけ正確に日本語に写し取ろうとしたのであろう。福沢諭吉は「権」について次のように解釈する。

（14）近来の著述書にも飜訳書にも、権利、権限、権力、権理、国権、民権などの文字甚だ多くして、横文字読む人か、又は博く訳書を調べたる学者にはその意味も分ることなれども、元と支那にても日本にても、この文字を今日通用するこの意味に用いたるは甚だ稀なるが故に、素人には解し難し。去迚文字の用は日に流行して殆ど世間通用の言葉と為り、今更その意味を人に質問するも、何か愚にして恥かしき様に思われ、遂に之を合点せずして世を渡る者もなきに非ず。そのこれを合点せずして当人の不自由、不便利たるべきは姑く擱き、之が為に世間一般の間違を生じて、容易に出来べき仕事も出来ず、

速に除くべき害をも除くべからざること多し。歎かわしき次第なり。 抑も権とは、権威などの熟語に用いて強き者が弱き者を無理無体に威し付けて乱暴を働くの義に非ず、又弱き者が大勢寄集りて無理無法なることを唱立てその勢にて乱暴を働くの義にも非ず。

（通俗民権論、9 ページ）

　これは福沢諭吉の「権」への誤解であると柳父章は指摘した。「権」はそういう意味を含んでいるが、right は含んでいない。「権」で right を訳すのは適当ではない[1]。しかし、政府を頼りに文明開化を進める、少なくとも政府の働きを否定しないことが明治啓蒙思想家の共通的認識である。「権力」と「権利（権理）」は彼らにとっては明らかに別物ではない。民間の思想家と呼ばれる福沢諭吉ですら「権理」を人民の「智徳」に結び付けている。その背後に「愚民観」が窺える。つまり、「野蛮未開」の人民は権利を賜っても、いかに保障したり、運用したりするか、その要領を得ないし、個人だけでなく、国家にも益するところがあるとは限らない。ゆえに、人民の智恵が開けることを待って権利を完全に賦与するようにしなければならない。それまでに、やはり政府に近代化の主導権を握らせなければならない。

(15)固より人民たる者がその権理を主張して自由の味を知るには多少の智徳を要することにて、且その国々の習慣もあり教育の度もあり又貧富の差もありて、必ずしも他の説をさえ聞けば直に振うべきには非ざれども、その地方百般の事情に於て人民の地位既に已に上達し、進て文明を取り振て自由論に帰すべき有様にして尚逡巡黙止するは、畢竟新説分布の方便に乏しくして地方人民の聞見狭きが為なりと云わざるを得ず。（**民情、新、111 － 112 ページ**）

　一方、福沢は「職分」や「分」といった考え方で権理を説明したために、かえって旧時代的面影の残る曖昧な概念となったとの解釈も為されてい

---

[1] 柳父章：『翻訳とはなにか　日本語と翻訳文化』、法政大学出版社、2001 年、101 － 102 頁。

る[1]。実はこの意味も「通義」から受け継いだものであろう。

> (16) その真の意味を通俗に和解するは迚もむずかしきことなれども、先ず権とは分と云う義に読て可ならん。即ち身分と云い、本分と云い、分限と云い、一分と云うが如き、分の字には自から権理の意味あり。(中略) 又封建の時代に士族たる者が何か恥辱を蒙れば、武士の一分相立たずとて大に怒ることあり。即ちこの一分とは武士たる者の権理と云うことにて、分の字と権の字とその意味誠によく符合せり。譬えば昔し帯刀して馬に乗るは武家の身分に限りたる免許なりしに、百姓町人などが私に騎馬して武士に行逢い、却て武士をして道を避けしめんとするが如き挙動あれば、武士の面目は之が為に穢されてその一分相立たず、即ち権理を犯されたることなり。右は一人の身に関する権理なれども、一人に権理あれば一村一町にも権理あり、一郡一県にも権理あり、郡県集りて一国となれば又一国の権理あり。即ち民権、国権の名ある由縁にして、民権とは人民たる者の一分なり、国権とは独立国たる者の一分なり。(**通俗民権論、9－13ページ**)

また、「通義」の用例はほとんど私権に限られている。それに対して、「権理」は私権を含むだけでなく、参政権などの公権も視野に入れ、権利と権力の分限にも言及した。この点は次の例文の中でも立証される。

> (17) 財産生命栄誉を全ふするは人の権理なり道理なくしては一毫も相害するを許さず之を人権と云う人権とは人々の身に附たる権理の義なり、此人権を保護せんとするに人の性質挙動善悪相混じたる社会に於ては人々個々の力に及び難し是に於てか政府なるものを作て一国人民の人権を保護す之を政事と云う政治は人権を全ふせしむる所以の方便なり、此政事を行ふに君主政治の国に於ては君主一人の意に任じ立憲政体の国に於ては国民をして政治に参与せしむ之を参政の権理と云う即ち人の政権なり故に立憲政治の国民は恰も其身を折半して人権の点より見れば保護を受くる者なり政権の点より見れば保護

---

[1] 前田正治：「権理」と「権利」覚え書『飛沢謙一教授退任記念論集、法と政治』、関西学院大学法政学会編、1975年3月、347－386頁。

2. 日本における「権利」の変遷および定着

を施す者なり之を人権政権の区別と云う。（**時事大勢論、5－8ページ**）

　また、福沢の著作において、「権理」はよく「人倫」や「私徳」と結びつけて論述されている。

(18) 我輩一例を作りて之に質問すべし爰に男子にして曾て銭のために男妾たりし者が（男妾なる者が実に世の中に有るや無きや我輩知らずと雖ども仮に設けて云ふのみ）後に自から富貴となるか又は富貴の家に養子となりたることあらんに社会の人は此男に許すに他の正当の男子と同一様の栄誉面目を以てする歟、我輩はその必ず然らざるを信ず然らば則ち男妾と女妾と何の異同あるや等しく人倫の<u>権理</u>を屈て情を売りたる者にして男子なれば擯斥せられて女子なれば然らずとの道理はなかるべし。（**品行論、69ページ**）

(19) 人間処世の<u>権理</u>に公私の区別ありて、先ず私権を全うして然る後、公権の談に及ぶべしとの次第は、曾て時事新報の紙上にも記したることなるが（去年十月六日より同十二日までの時事新報私権論）、抑もこの私権の思想の発生する事情は種々様々あれども、最第一の原因は本人の自から信じ自から重んずるの心に在て存するものと知るべし。（中略）即ち人心の働の定則として、一方に本心を枉げて他の一方に之を伸ばすの道理あらざればなり。私徳を修めて身を潔清の位に置くと、私権を張て節を屈せざると、二者その趣を殊にするが如くなれども、根本の元素は同一にして、私徳私権相関し、徳は権の質なりと云うべし。試に之を歴史に徴するに、義気凛然として威武も屈する能わず富貴も誘う能わず、自から私権を保護して鉄石の如くなる士人は、その家に居るや必ず優しくして情に厚き人物ならざるはなし。即ち戸外の義士は家内の好主人たるの実を見るべし。（**日本男子論、39ページ**）

　英語の right が持つ道徳上の正当性と法律上の正当性という二つの意味が西欧では自然法以来の思想の流れにおいて同一の起源を有しつつも、はっきりと別々の意味を持つものとして発展してきたのに対し、当時の日本の伝統的思想は道徳上の正当性と法律上の正当性を根本的に区別していなかっ

た[1]。

　つまり、権理は通義の「理」の意味合いを受け継いで、「権」の意味合いを加える。そして、「通義」というより外延に限定を加え、その意味の明確さを増していた。意味の内容からみると、私権を訴える「通義」より「権理」は目線を公権に向けるようになった。一方、「権理」も「通義」と同じように旧時代の面影が残っている。

　また、福沢の著作において「権理」と「通義」を組み合わせて使う用例もある。次の用例から見ると、「権理通義」は「権理」の意味と大差がないことがわかる。そういう語構成は通義から権理への過渡的な色彩を帯びている。

(20) 故に今、人と人との釣合を問えば、これを同等と云わざるを得ず。但しその同等とは有様の等しきを云うに非ず、権理通義の等しきを云うなり。その有様を論ずるときは、貧富、強弱、智愚の差あること甚しく、或は大名華族とて御殿に住居し美服美食する者もあり、或は人足とて裏店に借屋して今日の衣食に差支る者もあり、或は才智逞うして役人と為り商人と為りて天下を動かすものあり、或は智恵分別なくして生涯飴（あめ）やおこしを売る者もあり、或は強き相撲取あり、或は弱き御姫様あり、所謂雲と坭との相違なれども、又一方より見て、その人々持前の権理通義を以て論ずるときは、如何にも同等にして一厘一毛の軽重あることなし。即ちその権理通義とは、人々その命を重んじ、その身代所持の物を守り、その面目名誉を大切にするの大義なり。(**學問ノスヽメ、三編、7 − 20 ページ**)

(21) 凡そ人とさえ名あれば、富めるも貧しきも、強きも弱きも、人民も政府も、その権義に於て異なるなしとのことは、第二編に記せり。二編にある権理通義の四字を略して、こゝには唯権義と記したり。何れも英語の「ライト」と云う字に当る今この義を拡て国と国との間柄を論ぜん。国とは人の集りたるものにて、日本国は日本人の集りたるものなり、英国は英国人の集りたるものなり。日本人も英国人も等しく天地の間の人なれば、

---

[1] 柳父章：『翻訳語成立事情』、岩波新書、1982 年、158 − 172 頁。

2. 日本における「権利」の変遷および定着

互にその権義を妨るの理なし。一人が一人に向て害を加うるの理なくば、二人が二人に
向て害を加うるの理もなかるべし。（**學問ノスヽメ、三編、3－4ページ**）

ハ．権利

慶應義塾大学の『デジタルで読む福沢諭吉』で「権利」を検索にかけてみ
ると、『學問ノスヽメ．四編』（1874 年）2 例、『文明論之概略．巻之五』（1875
年）1 例、『文明論之概略．巻之六』（1875 年）1 例、『學者安心論』（1876 年）
1 例、『分権論』（1877 年）3 例、『民間経済録．初編』（1877 年）1 例、『福澤
文集．下』（1878 年）1 例、『通俗民權論』（1878 年）5 例、『通俗国權論』（1878
年）4 例、『國會論』（1879 年）2 例、『時事小言』（1881 年）14 例、『日本婦
人論．後編』（1885 年）1 例、『品行論』（1885 年）2 例、『日本男子論』（1888
年）1 例、『尊王論』（1888 年）1 例、『国會の前途・国會難局の由来・治安小
言・地租論』（1892 年）4 例、『福翁百話』（1896 年）10 例、『福澤全集緒言』
（1896 年）2 例、『女大學評論・新女大學』（1899 年）12 例、『福翁百餘話』
（1901 年）1 例、『明治十年丁丑公論・瘠我慢之説』（1901 年）2 例という「権
利」の使用例の結果が出てくる。

具体的な用例は次のようである。

(22) 又論者は、彼の騎者、射者に力を伸るの地位を与えて安心を得せしむると云うを駁
して、斯の如きは則ち政府にして人民に俟するものなりと云わんか。是亦誤解の甚しき
ものなり。権利を屈して他の意に適せんとする者、之を俟と云う。我が権利に損する所
なくして人を満足せしむるは人望を得るものなり。その形相似たりと雖ども、その実は
大に異なり。今政権は中央政府の権利なり。苟もこの権利に損することなくして人望を
収るの方便あらば、力を尽して之を求めざるべからず。啻に治権を分与するのみならず、
田舎の頑固物と称する者の考も、採るべきものあれば之を採り、勉て人心を籠絡するこ
そ智者の策と云うべけれ。譬えば田舎者は東京の大厦高楼を羨て各地方の疲弊を悲しむ
者多し。大厦高楼を造らざる。（**分権論、97、98 ページ** ）

（23）今の人民は決して愚ならず。その智力の度と権利の度と相比較したらば、平均して権利の方、低きことならん。今の政府は決して圧制を好むものに非ず。政府中如何なる人にても、抑圧専制を国の美事として永久に施さんとする者は、万々これなきを証すべし。若しも今日の実際に於て圧制に似たる処置あらば、その処置は官吏が一時止むを得ざるものと思うて之を行うことなり。政府は圧制を好まず、人民は圧制を免れんとして、尚双方の間に不平あるは、その罪、蓋し古来の習俗と官民の不注意とに在るものならん。（**通俗民権論、24 － 26 ページ**）

（24）当時若し卒然に兵端を開きたらば、我国人の勇怯は姑く擱き、兵器に乏しく兵事に慣れざるが為に一時の大敗を取り、徳川は滅亡し諸藩は割拠し、恰も無君無政のその釁に乗じて、啻に亜米利加（アメリカ）のみならず、英仏その外の諸国も各兵艦を送り、戦争の一敗を以て日本の価を評し、結局は無理無法の条約を作て我調印を促し、我をして今の如き外国交際の権利（仮令い不十分にても）を得せしめざりしは、固より疑を容れず。斯の如きは則ち日本の人民は未だその本色を顕（あら）わさずして先（ま）ず野蛮視せられ、到底固有の働を伸ばすこと能わざる者と云うべし。（**通俗国権論、117 ページ**）

（25）日本の人民必しも木石のみにあらず、往々独行活溌の人物に乏しからず。彼旧藩士族の如き、即ちその人なりと雖も、如何せん、この流の人は政治上の思想なきにあらざれども、その思想の由て来る所は封建世禄の祖先より遺伝する所のものにして、能く人を治るを知て未だ人に治めらるゝを知らず、他人の為めに民権の論を唱うるも、自から為めに権利を主張するの道を知らず、その自ら主張して権利と名くる所は、唯現今政府の人に代て自から政柄を握らんとするの功名心（アンビション）にして、所謂宿昔青雲の志に外ならず。（國會論、13 ページ）

　以上の用例から見ると、福沢の「権利」には「個人の権利」、「国家の権利」、「智力と関連をもっている権利」、「権力の影を持っている権利」が含まれている。その意味が多種多様である。

2. 日本における「権利」の変遷および定着

福沢諭吉の著作における「通義」「権理」「権理通義」「権利」の使用例をまとめてみると、次のようになる。

出自	通義	権理	権理通義	権利
『西洋事情．初編．二』(1866 年)	○			
『西洋事情．外編．一』(1868 年)	○			
『西洋事情．外編．二』(1868 年)	○			
『西洋事情．二編．一』(1870 年)	○			
『西洋事情．二編．三』(1870 年)	○			
『童蒙をしへ草．初編．一』(1872 年)	○			
『童蒙をしへ草．初編．三』(1872 年)	○			
『童蒙をしへ草．二編．四』(1872 年)	○			
『學問ノスヽメ．二編』(1873 年)	○	○	○	
『學問ノスヽメ．三編』(1873 年)			○	
『學問ノスヽメ．四編』(1874 年)				○
『文明論之概略．巻之五』(1875 年)				○
『文明論之概略．巻之六』(1875 年)				○
『學者安心論』(1876 年)				○
『分権論』(1877 年)				○
『民間経済録．初編』(1877 年)				○
『福澤文集．下』(1878 年)				○
『通俗民權論』(1878 年)		○		○
『通俗國権論』(1878 年)				○
『國會論』(1879 年)				○
『民情一新』(1879 年)		○		
『民間経済録．二編』(1880 年)		○		
『時事小言』(1881 年)				○
『時事大勢論』(1882 年) 4 例		○		
『品行論』(1885 年)		○		○
『日本婦人論．後編』(1885 年)				○
『民間経済録．二編』(1880 年)		○		
『日本男子論』(1888 年)		○		○

89

『尊王論』（1888 年）				○
『国會の前途・国會難局の由来・治安小言・地租論』 （1892 年）				○
『福翁百話』（1896 年）				○
『福澤全集緒言』（1896 年）				○
『女大學評論・新女大學』（1899 年）				○
『福翁百餘話』（1901 年）				○
『明治十年丁丑公論・瘠我慢之説』（1901 年）				○

　明治 7 年以後、福沢も「権利」を使うようになった。「通義」と「権理通義」は明治 6 年（1873 年）以後、「権理」は明治 21 年（1888 年）以後、使われなくなった。「権利」が残って「通義」や「権理」などが消えたのは、決して偶然のしわざではない。堅田剛の指摘によると、福沢諭吉が英語の right に目を向け、西周がオランダ語の regt もしくはドイツ語の Recht を想定したことに、訳語の消長の根本原因があった。個人の自由に発する right は国家の秩序としての law と対をなす概念であるが、regt や Recht はその両方の意味が含まれる言葉である。したがって、right を「通義」、law を「法律」と訳し分けることは可能であるが、regt や Recht の場合にはそれができない。この限りでは、福沢諭吉のほうが有利なように見える。しかしながら＜法＞が right と law を一体化した概念であるとすれば、西周のように regt や Recht を基準にしてこれに一語を当てた方が、実は＜法＞の本質に即している[1]。

　自然法学は、明治期に入ってしばらく受け継がれていたが、明治 10 年代頃から、ヨーロッパで支配的となってきた法実証主義の法学が主流になった。この考え方によれば、right は、権力に対して超越的な意味は持たない。right は、法によって与えられる意思、あるいは利益のことである。この考え方によれば、法によって与えられる力、と言えないこともない。

---

[1] 堅田剛：『独逸法学の受容過程』、御茶の水書房、2010 年、10 頁。

「権利」は官＝国家においていち早く近代的な法制度の構築を象徴し、それに対し、「通義」や「権理」は民の近代的精神の覚醒＝啓蒙を象徴している[1]。「権利」の勝利はある意味で民衆の生活に対する国家権力の浸透を表すのではないか。

上に述べたように、英語の right は幕末から明治にかけてさまざまな訳語を当てられてきたが、結局 right の訳語は福沢諭吉らが用いた「通義」・「権理」と、西周らの「権利」に代表される。福沢諭吉らは right の天賦性およびそれに伴う道徳的な要素を強調し、西らはその権力的な実現に着目したとすることができる。そこにも自由主義と権力主義の分岐が見出されている。しかし、内容はさておき、訳語として今日に残ったのは「権利」のほうである。実は「権」と利益の「利」の組み合わせには，「正当性」のニュアンスが含まれていない。そこからは，利益の主張の「正当性」がその主張の当否を条件付けるのではなく「力」の強弱が主張の成否を左右するかの印象が導かれる。

すくなくとも西周において、「権利」は right の訳語ではなく、regt もしくは Recht の訳語であった。しかもこの訳語は一語でありながら、「権」と「利」という＜法＞の二重性をみごとに写しとっている。すなわち、「権」とは国家の権力であり、「利」とは個人の利益を意味するというふうに思われる。柳父章もまた訳語「権利」のうち「権」の権力性を指摘して、暗に西周の権力寄りの姿勢を批判している[2]。

2.2.2 「権利」と「権理」の比較

上に述べたように日本では「権利」に加えて「権理」という表記も行われていたが、1890 年代後半以降は「権利」という表記が一般化する。前田正治の調査によると、「権理」の語を用いた者は加藤弘之、福沢諭吉、古沢滋その

---

[1] 岩谷十郎：「法文化の翻訳者―ことばと法と福沢諭吉」『福沢諭吉年鑑』30 号、2003 年、109 頁。
[2] 柳父章：『翻訳語成立事情』（岩波新書、1982 年、162 － 168 頁）を参照のこと。

他愛国公党の人々・小野梓・尾崎行雄・丹羽純一郎・鈴木義宗・福本巴・神村忠起・栗本貞次郎・川島正三等であり、その中でもある時期の論著・文章に一貫して「権理」の語を用いているのは愛国公党の人々および小野・尾崎・神村であった[1]。しかし、筆者の調査によると、使用者の人数がかなり多い。詳しいことは次の表をご覧いただきたい。

番号	出版年	書名	作者・訳者	権理の出所	出版者
1	1873 – 1876	近世事情：5篇13巻．5編　巻12	山田俊蔵，大角豊次郎 共著	婦女ノ権理ヲ伸暢セラレシ事（p 24）	山田俊蔵
2	1878	理財論．続編	ジョセーフ・ガルニェー 著［他］	目次：第十六章　政府国債ヲ還償スル事ノ権理アル事	大蔵省
3	1879	訓蒙政学大意	林茂雄 抄訳・編	目次：第二章　人間ノ権理及ヒ自由ノ解、	林茂雄
4	1879	生計秘訣：一名・世帯道しるべ	エッグリストン 著［他］	目次：第一回　人の貨殖すべき権理の制限	山中市兵衛等
5	1881 – 1884	土地処分地券例規全書．明治5-13年	横田忠郎 編	第十八章　地所所有者権理義務ノ事	岡島宝玉堂
6	1882	地券心得農商必攜	松浦謙吉 編訳	目次：第二節　地券所有ノ権理 目次：第二章　地券ニ関スル売買主ノ権理ヲ論ス 目次：第二節　契約者ノ権理	中島精一
7	1882	伊太利王国民法	ヂョゼフ・ヲルシェ 著［他］	目次：第一篇　国民ノ権理及ヒ民法上ノ権理ノ保有 目次：第四篇　財産共有ノ権理 目次：第五篇　占有ノ権理	司法省
8	1882	英仏民法異同条弁	アントワーヌ・ド・サンヂョセフ 著［他］	目次：第九篇　父タルノ権理 目次：第四篇　土地ノ義務ヲ得可キ権理及ヒ此類ノ権理 目次：第五篇　婚姻ノ契約書及ヒ夫婦相互ノ権理	司法省

---

[1] 前田正治：『「権理」と「権利」覚え書』、飛沢謙一教授退任記念論集　法と政治、関西学院大学法政学会編、1975年3月、380頁。

2. 日本における「権利」の変遷および定着

9	1882	英国慣習律攬要	ジョシヤ・ウィリヤム・スミツス 著 [他]	目次：第二篇　通常裁判権ノ普通法庁ニ依テノ権理ノ実行及ヒ害ニ向テノ救償及ヒ保護	司法省
10	1882	修身學：初學．上	千村五郎　著	目次：親子タル権理義務ノ事	柴田清亮
11	1883	英國文明史．第7編	伯克爾　著　土居光華　訳	目次：一千七百九十五年以来英国政府カ苛法厳刑ヲ設立シテ言論ノ自由集会ノ権理ヲ抑制シタルヲ論ス（二節）	日本出版會社
12	1883	各国民法異同条弁	アントワーヌ・ド・サンジョセフ 著	目次：婚姻ノ契約書及ヒ夫婦相互ノ権理	司法省
13	1884	仏國民法提要．婚姻財産契約篇　上巻	アコラス著 [他]	目次：第五巻　婚姻財産契約及ヒ夫妻ノ財産ニ関スル各自相互相ノ権理	司法省
14	1884	社会平権論	斯辺瑣　著　松島剛　訳	目次：第八章　性命ノ権理及人身自由ノ権理 目次：第九章　土地使用ノ権理 目次：第十章　所有ノ権理 …	報告堂
15	1884	政経：一名・政治道徳学．第1冊−第3冊	フランシス・リーベル 著 [他]	目次：第六章　邦国ノ権理ヲ論ス、ヨリ邦国、政府、主権、最上権ノ別ヲ明ニスルノ必要、ニ至ル、	二大政書出版事務所
16	1885	歐米鉄道経済論	榊原浩逸　著	目次：第八節　鉄道会社々債証書并ニ其性質権理	博文堂
17	1886	國教一斑	岩崎田実也 著	目次：蕃神外国之鬼神ヲ云フ吾神慮ノ大経ヲ破解シ吾国民之幽魂ヲ審判スル権理無ク国人モ亦彼ノ奴隷ト成ルヘキ義務無之論	岩崎田実也
18	1888	萬國憲法	坪谷善四郎	目次：権理証明 目次：権理請願 目次：権理法典	博文館
19	1889	国際私法講義	シャル・ブローシェー 著 [他]	目次：第一編　権理ヲ有スルニ合格ナル者ト看ル可キ各己人 目次：第二巻　財産即チ富本ノ権理	司法省

93

20	1889	東方新世界	依田繁太（民権子）著	目次：第四　自衛自活ハ権理ノ泉源ナル	依田繁太
21	1889	道徳論	伊藤大八　著	第四章　責任及び権理○正義及び徳○当の義並に不当の義	丸善商社
22	1891	欧米婦人之状態：附・古今結婚の沿革	加藤政之助	目次：第三　婦人の財産及権理	加藤政之助
23	1891	予算論	レオン・セー氏　著［他］	第一項　佛国議員ノ本源権理、其集合的権理	牧祿二郎
24	1892	社会問題．前編	ヘンリー・ジョージ　著［他］	目次：第十章　人の権理	自由社
25	1892	条約改正及内地雑居：一名・内地雑居尚早論	國友重章　著	目次：権理は利益の保障	内地雑居講究會
26	1894	交戦国人民ノ注意スヘキ国際上ノ要件并ニ実例	東京商工相談會編	目次：収奪ノ権理	東京商工相談會
27	1894	対清対歐策	渡辺修二郎　著	目次：〔参照〕占領地ニ於ケル占領軍ノ権理	奉公會
28	1899	下士の職責	バルタザール　著［他］	目次：其一　下士官の権理 目次：第三巻　富本ノ権理ニ関スル権理事件	兵事雑誌社

（データは日本国立国会図書館・近代デジタルライブラリーによる）

　そして、「権理」という語は条約の中にも出てくる。たとえば、以下の用例が見られる。

　全露西亜国皇帝陛下ハ第一款二記セル樺太島（即薩哈嗹島）ノ権理ヲ受シ代トシテ其後胤二至ル迄現今所領「クリル」群島即チ第一「シュムシュ」島第二「アライド」島第三「パラムシル」島第四「マカンルシ」島第五「ヲネコタン」島第六「ハリムコタン」島第七「エカルマ」島第八「シャスコタン」島第九「ムシル」島第十「ライコケ」島第十一「マツア」島第十二「ラスツア」島第十三「スレドネワ」及「ウシシル」島第十四「ケトイ」島第十五「シムシル」島第十六「ブロトン」島第十七「チェルボイ」並ニ「ブラット、チェルポエフ」島第十八「ウルップ」島共計十八島ノ権理及ビ君主二属スル一

2. 日本における「権利」の変遷および定着

切ノ権理ヲ大日本国皇帝陛下二譲リ而今而後「クリル」全島ハ日本帝国二属シ東察加地
方「ラパツカ」岬ト「シュムシュ」島ノ間ナル海峡ヲ以テ両国ノ境界トス（樺太千島交
換条約（2款 1875年）明治八年（一八七五年）五月七日「セント・ピータースブルグ」
ニ於テ記名　明治八年（一八七五年）八月二十二日批准　明治八年（一八七五年）八月
二十二日東京二於テ批准書交換）

　以上の用例から見ると、彼らの使う「権理」は福沢の「権理」と大体同じ
意味である。してみると、「権理」という言葉はある程度広がったが、徐々に
「権利」にとって替わられるようになったことがわかる。

　それに、『明治のことば辞典』では調べたところ、「権理」が出てくるもの
は次のようである。

　『音訓新聞字引・明9』　リキムスヂ。

　『布告律令字引・明9』　スルダケノコトワリ。

　『近体祝詞文範・明12』　ニンゲンノコトワリ。

　『小学終身書字解・明14』　メイメイモツテオル、オコナフベキイキホヒ
トハ、タトヘバ子ガ幼（イトケナ）キトキハ親ガ之ヲ制スルノイキホヒアル
ゴトキ類ナリ。

　『和仏辞書・明21』　Droit.

（『明治のことば辞典』より）

　「権理」は辞書に収録されることが少なく、明治21年以後、ほとんど姿を
消した。

　そこで、前田正治の「たまたま権利と並んでただ一語だけ「権理」の語を
使用した加藤弘之は別論として、その他「権理」の語を使用したものが、ほ
とんど自由民権を主張する人々であったことは、この語の使用者の大きい流
れをなすものとして注目される。……」[1]という主張は成立しないであろう。

---

[1] 前田正治：「権理」と「権利」覚え書、飛沢謙一教授退任記念論集、法と政治 / 関西学院大学法
　政学会 編、1975年3月、381頁。

95

「権利」と「権理」の違いについて前田正治は以下のように言う。「「利」の概念についての抵抗があったためではなかろうか。明治の社会が、資本主義の導入とともに、「利」を追う方向に展開して行きつつあるとき、多く士族層の出身であった彼らは、近代思想に馴染みながらも、日本の法理に深く根ざしてきた「利」を忌む意識を身にまとっていた。封建社会において、利を営む商人階級が蔑視されてきたことは衆知のとおりであり、たとえば幕府法において、利付の訴訟である金公事[1]が、本公事に対して訴訟法の保護が弱かったこともそうした法理の現れであった。自由民権の同じ指向の中でも、盲目的な洋化に、ある拒絶反応を覚える人々には、おのずから身に染みていたこうした法理が、利の言葉に背かせる一因となり得たことは考えうるであろう。」[2]と。筆者はこの指摘に大体賛成であるが、ただ、「権理」の使用者を自由民権論者に限定することにはまだ検討の余地がある。

2.2.3　明六雑誌コーパスにおける right の訳語

明治初期の法律用語の翻訳は、津田真道・加藤弘之・箕作麟祥・西周の四人によって進められたが、彼らが参照したのが『万国公法』であった。彼らは当時明六社の同人であり、社会に大きな影響力をもっていた。そして彼ら

---

[1] 江戸幕府の出入物（公事）についての訴訟取扱い上の区分。担保物を伴わない利子付き金銭債権ならびに、これに準ずるものをいい、借金銀、祠堂金、官金、書入金、立替金、先納金、職人手間賃金、手附金、持参金、売懸金、仕入金、貸米、店賃金、仕送金、利足付預金などがこれに含まれる。金公事を本公事より区別したのは、本来金公事中の契約は相互の実意を信じて結ばれたものであり、紛争が生じても当事者間で解決するのが筋であって、みだりに出訴すべきものでないという考えがあったからである。したがって、本公事に比べると裁判上その保護は薄く、出訴最低額に制限があり、特に強く内済（ないさい）が勧奨され、かつ執行方法において、日限済方（ひぎりすみかた）および切金手続（きりがねてつづき）——債務者敗訴の場合、裁判官（町奉行など）がその債務者に対し、30 日限りの済方を申しつけ、もしこの日限内に多少とも弁済がなされれば、切金の手続に移り、債務額の一定期ごとの分割弁済を命じるというきわめて緩慢な方法がとられた。『ブリタニカ国際大百科事典』第 3 版より。

[2] 前田正治：「権理」と「権利」覚え書、飛沢謙一教授退任記念論集、法と政治 / 関西学院大学法政学会 編、1975 年 3 月、382 頁。

2. 日本における「権利」の変遷および定着

が訳語を自らの著作の中で積極的に使用することで『万国公法』の新漢語定着に寄与したのである。right 概念は幕末・明治初期に日本に紹介されたが、その訳語に採用されたものは「権利」だけではない。前にも述べたように、「権利」以外に「権理」、「権義」、「通義」などが当てられた。「明六雑誌」では、その使用状況を如実に示している。これを明六雑誌コーパス[1]を使って検索した結果を次に示す[2]。

著作	論文の題目	権理	権利	権義	通義
西周	駁旧相公議一題	○	○		○
	国民気風論		○		
	人世三宝説（二）		○	○	
加藤弘之	米国の政教（一）		○		
	米国の政教（二）		○		
	米国の政教（三）		○		
	武官の恭順		○		
森有礼	宗教	○	○		○
	独立国権義	○		○	
	妻妾論（一）	○	○		
	妻妾論（二）		○		
	妻妾論（五）		○		
	明六社第一年回役員改選に付演説		○		
柴田昌吉	万国公法の内宗教を論ずる章		○		○
津田真道	拷問論（一）		○		
	拷問論（二）		○		
	運送論		○		
	政論（二）			○	
	政論（三）		○		
	政論（五）		○		
	新聞紙論				○

---

[1] http://pj.ninjal.ac.jp/corpus_center/cmj/meiroku/
[2] 付録をご参照ください。

著者	著作				
	夫婦同権弁			○	
箕作麟祥	リボルチーの説（一）		○		
	リボルチーの説（二）		○		
阪谷素	民法議院変則論（一）	○			
	租税の権上下公共すべきの説		○		
西村茂樹	自主自由解	○			
	政府与人民異利害論	○			
	権理解	○			
杉享二	人間公共の説（二）		○		○
	貿易改正論		○		
神田孝平	民選議院の時未だ至らざるの論		○		

　上の表から見ると、「権利」が一番広く使われている。加藤弘之、柴田昌吉、津田真道、箕作麟祥、杉享二、神田孝平はいずれも「権理」を使わず、「権利」を使う。「権理」しか使わないのは西村茂樹である。彼は『権理解』において「権理」について詳しく論述している。そのほか、西周、森有礼、阪谷素は「権利」と「権理」の両方を使う。「権義」の意味は「権利」のそれと必ずしも一致しているとは限らない。「権利」と「義務」の略称として使われるほうがより多い。

2.3　人権新説論争における「権利」の意味の争点

　明治政府の実態が藩閥政府であることが明らかとなり、国会開設や参政権の獲得を求める自由民権運動が高揚するなかで、加藤は天賦人権論の否定者となった。こうした加藤の思想的転換は、彼の政府側寄りの立場にもよるが、それよりも彼の天賦人権論理解の弱さに原因を求めることができる。そもそも欧米の自然権利説においては、個人の権利・自由は生まれながらにして持っているもので、その権利・自由をよりよく保障するために議会政治が成立したとされる。これに対し、加藤は、日本のような「未開の国」では国会

2. 日本における「権利」の変遷および定着

開設が時期尚早であると唱えた。そして『人権新説』（1882 年）では、社会
進化論の立場から、天賦人権論は妄想であると批判した。これをめぐって加
藤と植木枝盛（えもり）、馬場辰猪（たつい）、矢野文雄との間でいわゆる「人
権新説論争」が展開された。

　具体的に言えば、加藤弘之は『人権新説』において「天賦人権ナルモノハ
本来決シテ実存スルノ証アルニ非スシテ、全ク学者ノ妄想ニ生シタルモノナ
ルコトハ敢テ疑フ可ラサルナリ。（中略）余ハ物理ノ学科ニ係レル彼進化主義
ヲ以テ天賦人権主義ヲ駁撃セント欲スルナリ。進化主義ヲ以テ天賦人権主義
ヲ駁撃スルハ是実理ヲ以テ妄想ヲ駁撃スルナリ」と述べた。天賦人権論の非
合理性を「実証主義」によって排斥したのである。とするならば、加藤の論
理において権利が権力あっての権利として位置づけられることは避けがた
かった。すなわち、「凡ソ吾人ノ権利ハ蓋シ専制ノ大権力ヲ掌握セル治者即最
大優者ノ保護ニ由テ邦国ノ成立ト共ニ始メテ生シタルモノト認メテ可ナルヘ
シト信ス。専制ノ大権力ヲ掌握セル最大優者未タ起ラサレハ邦国モ亦未タ曾
テ成立セス。吾人ノ権利モ亦未タ実ニ生セサルナリ。加之邦国モ吾人ノ権利
ト相離レテ独リ成立スルヲ得。吾人ノ権利モ邦国ト相離レテ独リ生スルヲ
得サルナリ」[1]と。かくて法実証主義の権利の正当性を「実証」した加藤の権
利論は、国家と権利に先行する主権者（＝「最大優者」）を弁証する論理で
あった。言い換えれば、加藤弘之にしてみれば、権利は権力と切っても切れ
ない関係にあって、権力に伴って生成し、また権力によって保障されなけれ
ばならなかった。それはまた、「優勝劣敗ノ定規」を前提に置いた論理でも
あった。即ち、

　　実ニ鞏固ナル団結共存ヲナサシメント欲セハ、必ス先ツ専制ノ権力ヲ用ヒテ人衆中諸優者ノ自
　　由放恣ヲ禁スルノ術ヲ施ササルヘカラス。然カセサレハ人衆中ニ只管優勝劣敗ノミ行ハレテ優
　　等ナル各個人ハ妄リニ劣等ナル各個人ヲ圧倒シ優等ナル親族部落等ハ恣ニ劣等ナル親族部

────────────────

[1] 加藤弘之：『人権新説』、植手通有編『日本の名著 34　西周、加藤弘之』、中央公論社、1997 年、445
　頁。

99

落等ヲ抑制スル等ノ害アルヲ免レス。斯ク只管優勝劣敗ノミ行ハレテ優劣互ニ全ク利害ヲ異ニスルトキハ決シテ鞏固ナル団結共存ヲナス能ハサルコト必然ナレハナリ。果シテ然ラハ最大優者カ専制ノ権力ヲ用ヒテ人衆中諸優者ノ自由放恣ヲ禁スルノ術ヲ施ストハ抑如何ナル術ヲ施シタルコトナラン歟。是他ナシ。全人民ニ稍権利ト義務トヲ授與シタルニ由テ能ク諸優者ノ自由放恣ヲ禁シタルナリ。（中略）是即権利ノ始メテ生スル所以ニシテ、全ク専制ノ権力ヲ掌握セル治者、即最大優者ノ保護ニ由ルモノト云フヘシ[1]。

　加藤は、「権利」とは強者が弱者から「認許」された権力のことであるとして、「優勝劣敗」という進化論的図式を人間界に適用し、実力と権力によって権利と法を根拠付けた。野蛮な状態では強者の権利は弱者によってほとんど抵抗を受けなかったがゆえに「粗暴猛悪」なものであったが、文明が進むにつれて弱者の側が実力を身につけて強者と拮抗する状態になって、初めて弱者の権利も「認許」され、権力者は「高尚優大」になったと認識する。加藤のいう権利とは理念的なものではなく、事実としてのそれである[2]。

　こうした加藤の認識が民権思想家の攻撃の的となる。馬場辰猪はまず加藤弘之著「人権新説」の主張した権利が法律上の権利であって、自然権利ではないと指摘した。そして、自然の権利に対して「故ニ曰ク其人類カ自然ノ<u>権利</u>ヲ求ムルハ、則チ平等自由ヲ求ムルカ為メナリ。其平等自由ヲ求ムルハ、則チ人類ノ生存ニ障碍ノ寡キ道ヲ求ムルカ為メナリ。其人類ノ生存ニ障碍ノ寡キ道ヲ求ムルハ、則チ人類ノ生存ヲ求ムルカ為メナリ。其人類ノ幸福ヲ求ムルハ、則チ人生ノ目的ヲ達センカ為ナリ。其人生ノ目的ヲ達セント欲スルハ、則チ自然力ノ変化ヲ全フセント欲スルカ為メナリ。其自然力ノ変化ヲ全フセント欲スルハ、則チ不消不滅ナル自然力ノ作用ニ従フモノナリ。サレハコソ此自然法ヨリ生スル<u>権利</u>ハ人為ノ製作ニ非スシテ、天賦人権ナリト謂フヘシ」[3]と述べた。つまり、自然の権利が人類の生存に直結し、すなわち天賦

---

[1] 加藤弘之：『人権新説』、植手通有編『日本の名著34　西周、加藤弘之』、中央公論社、1997年、445頁。

[2] 小林武・佐藤豊：『清末功利思想と日本』、研文出版、2011年、149頁。

[3] 馬場辰猪：『天賦人権論』、明治文化研究會、451頁。

2. 日本における「権利」の変遷および定着

の権利で、法律上の権利がそうした自然権利を基にしたものであると主張した。

そして、私権の拡張を是認しながら、公権たる参政権の伸張を不可とする加藤の論拠を衝いて私権と公権の関連性を説いた。即ち「故ニ学術ノ上ヨリ視レハ、一人一個ニ關スル彼ノ私権ナル者モ遂ニ相集合シテ 一体トナルトキハ則チ公権ナル者ノ起ルニ非スヤ。然レハ公権ノ本原ハ則チ私権ニシテ、私権ノ合体セシ者ハ則チ公権ナリト謂フ可シ。果シテ然ラハ人民各自カ互ニ私権ヲ伸暢シテ法律トナシ、以テ之ヲ社会ニ実行スルニ至レハ、則チ公権ノ上ニモ影響ヲ及ホスニ至ルモノナリ。去レハ私権ト云ヒ、公権ト云ヒ、唯文字上ニ於テ異名ヲ顕ハスノミニテ、其実決シテ之レカ区別ヲ立ツル能ハサルモノトス」と[1]。さらに普通選挙制度の採用こそが進化主義に適合するゆえんであることを力説した。

植木枝盛も天賦人権が「実に天然の人権」をいうもので、「国家アリテ然後ニソノ法律上ノ上ニ生シタル」ものではなく、世界が優勝劣敗の世界であればあるほど、天賦人権説は必要であり、天賦人権は「必シモ国家法律ノ有無ニ関ハラス直チニ其天ニ徴シテ之ヲ唱フル」もので、権利とは、力または勢力とは異なるものであると指摘した。

実は植木枝盛が起草した「東洋大日本國國憲按」（1881 年）から彼の理解も窺える。その憲法案は主権在民の立場から、第4編「日本国民及日本人民ノ自由権利」では9か条にわたって精神的自由権を何らの留保をつけず、詳細に保障している。政府・官僚が人民の自由や権利を侵害して圧政を行うとき、人民はこれに抵抗し、新政府を樹立する権利を持つという「抵抗権」・「革命権」の規定は他の私擬憲法に例を見ない。

しかし、天賦人権を唱えた民権思想家も権力性の一面を免れない。「民権」という言葉は「君権」あるいは「国権」の相対語として使われると権力の意味がつきまとう。例えば、明治 12（1879）年に出された植木枝盛の『民権田

---

[1] 馬場辰豬：『天賦人権論』、明治文化研究會、458 頁。

舎歌』には、「権利を張る」という表現が多用されている。要するに、「『張る』のは力……あるいは権威」である以上、「自由民権の『権』とは、right であるよりも、まず力」だったというわけである。おそらく、「権利」という訳語の字面が、「権を張る」あるいは「権利を張る」という表現へと横滑りしたのであろう[1]。同じような考えを示すのは石田雄である。石田雄は日本の自由民権運動期の「民権」概念の特徴として、以下の三点をあげている。第一に民権は「個人を超越した一つの自然的有機体的一体として実在する」集団全体の権利と見なされる（集団実在論的傾向）。第二に民権は参政権に偏重し「私権」を軽視している。そして第三に「民権の伸張」という考え方に鮮明に現れているように、それは「政府との力関係によって『伸張』されるべき」ものと考えられている（「実力説」的傾向）という３点である[2]。「民権」の観念は、常に「国権」に対応させて論じられたこと、あるいはもっぱら「公権」（=「参政権」）の側面に収斂し、その結果個人の「私権」への軽視が運動内部にも混乱をもたらしたことなどにその特質がある。

　結局のところ、自由民権運動は、政府や国家権力に対抗する「力」を求めていたのである。となると、所有権も参政権も、国家や政府の「権」に対する「民権」という位置づけにしかなるまい。そして、権利も権力も同じく「権」と短縮されることが、この種の混同を誘発する一助になっているのである。

　天賦人権論争以後、プロイセン憲法に範をとった大日本帝国憲法が制定され、儒教道徳に基づく封建的な忠孝思想がふたたび隆盛となるなかで、天賦人権思想は国家主義思想の前に大きく後退してしまった。大日本帝国憲法における権利解釈が自然法的権利思想（≒天賦人権論）を排除した地点に形成されたことはよく知られているが、権利を天賦の権利ではなく、法律上の権利として解釈する大日本帝国憲法を理論的に支えたのが加藤の社会進化論で

---

[1] 柳父章：『翻訳語成立事情』、岩波書店、1982 年。
[2] 石田雄：『日本近代思想史における法と政治』、岩波書店、1976 年、第 2－3 章。

あった[1]。加藤の論敵である自由民権家もその権力性を免れない。そうした「権利」と「権力」が結びつく論理は、明治国家の形成過程に深く刻印されていたのである。そして、それは梁啓超を経由して中国の権利観にも多大な影響を与えた。

2.4 「権利」の定着

　啓蒙思想家も民権論者も、異質な西欧文明の根底に「天賦」の人権論があることを認め、この観念の摂取にまさしく全精力をつぎこんだことはいうまでもない。言い換えれば、彼らは、迫り来る対外的危機のなかで、ともかく西欧文明と主体的に向き合い、新しい国家建設を支える観念を一つ一つわがものにしていったのであった。しかし、「ことばをめぐる運動」のなかで、「権利」と「権力」ということばに「権」の語が共通していたという問題は、福沢の事例を除けば、多くの啓蒙思想家において、政府と人民との公的な権力関係に関する認識のあいまいさを反映していた。そのことは、「強者の権利」という加藤の主張の中に端的に示されている。それはまた、兆民もいうように、人間の基本権を社会秩序のあり方との関連において捉える視点を稀薄にする思想傾向と不可分であった。従って、民権運動においては、権利のための闘争が力対力の関係に変質させられることになる。こうした事態をもたらした一つの思想的要因は、「権」の語の二重性の問題とともに、「私権」と「公権」がいりまじった「民権」の語の無定形な包容性にあったと考えられる。

　明治初期、政府内部において民法典の編纂を指導していたのは江藤新平である。彼は拙速主義を掲げて法制化を進めていた。前述のように、箕作麟祥は近代的法制度の整備の過程で大きな役割を果たした。津田真道は明治維新後、新政府の司法省に出仕して『新律綱領』の編纂に参画し、陸軍省で陸軍

---

[1] 佐藤太久磨『「社会進化論」と「社会民主主義論」の間―――加藤弘之と吉野作造―――』、立命館大学人文科学研究所紀要（96 号）、3 頁。

刑法を作成した。西周は兵部省・文部省・宮内省などの官僚を歴任し、軍人勅諭・軍人訓戒の起草に関係する等、軍政の整備とその精神の確立につとめた。加藤弘之は立憲政体を日本に紹介した第一人者である。よって「権利」を日本で最初に使った以上の４人はすべて日本の近代法制化に関わった人物である。これは偶然の一致ではない。彼らの努力があってはじめて「権利」という語は法律書に定着していったのである。

「日本法令索引〔明治前期編〕」（国立国会図書館）で「権利」を検索にかけると、次の結果が出てくる[1]。

1. 数十年前祖父或ハ父ノ預リ金証書アルハ一旦絶家又ハ死亡ト雖モ当戸主ヨリ追徴ノ権利有無ノ儀小田県伺　明治７年６月13日　司法省指令　法令沿革

2. 第二十四第百二十六国立銀行ニ対スル権利義務ニ付争論有ル詞訟裁判及執行方　明治16年２月22日　司法省丁第８号達　法令沿革

3. 第百八国立銀行ニ対スル権利義務ニ付争論有ル詞訟裁判及執行方　明治16年５月25日　司法省丁第19号達　法令沿革

4. 第二十六国立銀行ニ対スル権利義務ニ付争論有ル詞訟裁判及執行方　明治16年12月22日　司法省丁第38号達　法令沿革

5. 恩給ヲ受クル権利ヲ有セル者結婚出願ノ節ハ家計保護金ヲ納メシムルニ及ハス　明治16年12月28日　陸軍省達乙第133号達　法令沿革

6. 従来恩給扶助料ヲ受クル者陸軍改正恩給令及海軍恩給令発布後ニ於テ権利移転及停止等ノ処分ハ総テ改正令ニ拠ラシム　明治17年８月18日　〔太政官〕達　法令沿革

7. 〔旧陸軍恩給令ニ拠リ恩給扶助料ヲ給与シタル者改正恩給令発布後権利移転停止其他事故生セシトキ取扱方〕　明治17年８月18日　太政官達　法令沿革

8. 〔旧海軍退隠令ニ拠リ退隠料給与シタルモノ海軍恩給令発布後権利移転停止其他事故生セシトキ取扱方〕　明治17年８月18日　太政官達　法令沿革

9. 旧陸軍恩給令ニ由リ恩給扶助料給与ノ者権利移転等ノ節処分方　明治17年８月26日　陸軍省達甲第38号達　法令沿革

---

[1] http://dajokan.ndl.go.jp/SearchSys/index.pl

2. 日本における「権利」の変遷および定着

10. 旧陸軍恩給令ニ由リ恩給扶助料給与者権利移転若クハ停止等ノトキ改正令ニ由リ
   処分　明治17年8月26日　陸軍省達乙第81号達　法令沿革

11. 旧海軍退隠令ニ依リ退隠料扶助料給与者権利移転或ハ停止等ノ時恩給令ニ拠リ処
   分　明治17年9月2日　海軍省乙第12号達　法令沿革

12. 旧海軍退隠令ニ拠リ退隠料或ハ扶助料ヲ給与シタル者海軍恩給令発布後ニ於テ其権
   利移転停止等ノ節ハ恩給令ニ拠リ処分　明治17年9月2日　海軍省丙第124号達

　こうしてみると、「権利」という用語がいちはやく法令に浸透し用いられて
いくのがわかる。それに対して、人権新説論争以後プロイセン憲法に範を
とった大日本帝国憲法が制定された。『大日本帝国憲法』における権利解釈は
自然法的権利思想（≒天賦人権論）を排除した地点に形成されたが、いずれ
にせよ、臣民の権利が盛り込まれているのである。

　一方、代表的英和辞典のrightの訳語を調べてみると、rightの訳語がど
のように用いられ、定着していくかも明らかになった。

『（改正増補）英和対訳袖珍辞書』（慶応3年）

　正シキコト、道理、当然、免許、権、右

『和訳英辞書』（明治2年）

　正シキコト、道理、当然、免許、権、右

『淺解英和辭林』（明治4年）

　ダウリ、ミチ、リ、ギ、ミギ、ハズ、ベキ、メンキヨ、タダシキコト

『（附言挿図）英和字彙』（明治6年）

　公道、道理、當然、公平、真実、條理、通義、権義、所有、特許、権勢、
右方

『哲學字彙』（明治14年）

　正経、応當、公平、合理、権利、公道、通義

『英和袖珍字彙』（明治17年）

　タダシキコト、ミギ、ダウリ、メンキヨ、コウヘイ、シンジツ、ヂヨウリ、
ツウギ、ケンリ、トクキヨ、モチモノ、ミギ

105

『英和対訳大辞彙』（明治 18 年）

　公道、道理、當然、公平、真実、條理、通義、権義、所有、特許、権勢、右方

『英和玉篇：附音插畫』（明治 18 年）

　公道、正直、通義、権利、特許、所有、右方

『明治英和字典』（明治 20 年）

　正。是。理。公道。直。義〇権利。権〇右〇面。

『英和辭書：新訳無隻』（明治 23 年）

　公道、道理、當然、公平、真実、通義、所有、権利、右方

『法律字彙』（明治 23 年）

　権利

　上に列挙したように、それぞれの辞書に right の訳語がかなり並べられている。ここで注目されるのは、「権」が慶応 3 年から、「通義」「権義」が明治六年から、「権利」が明治 14 年から見え、交代していったことである。ところで、「権理」はこれらの英和辞典に見えない。しかし、ここに挙げた辞書のほかに、その他の辞書を渉猟すれば、なおその用例をみることであろう。ことに right の訳語の始まりや使用されなくなった時点について、また新しい資料や結論を得る可能性があるかもしれない。ただ、ここで証明できるのは、訳語として造語された新語「権利」が多くの試みを経て、それらの競争の中から今日に生き残ってきたことである。

3. 逆輸入された「権利」

「権利」という語は中国法学が日本に追従するのを背景に、20世紀初頭に中国で使われ始めたという言い方があるが、この説は最近の考証によってくつがえされた。前にも述べたように、「権利」の最初の用例は丁韙良訳『万国公法』にある。その後、1895年を境目にして使用頻度が急変する。1895年まで、「権利」や「権」の使用頻度が低いのに対して、1895年以後、「権利」や「権」の使用頻度が急増し、1898年ごろ一つのピークに達した。次の図表は金觀濤、劉青峰がコーパスで調べた結果である[1]。

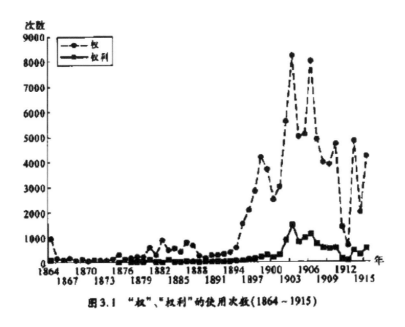

図3.1 "权"、"权利"的使用次数（1864～1915）

清末という時代は、中国思想が西洋近代思想に出会い、その際、明治思想

---

[1] 金觀濤、劉青峰：《觀念史研究：中国現代重要政治術語的形成》、法律出版社2009年版、116頁。

を介して西洋近代思想を受容してきたのである。その過程において、訪日官民、留学生、翻訳団体などが重要な役割を果たした。思想受容とともに語彙も中国語に入り込んだ。「権利」は中国で生まれたが、その時期に中国に逆輸入された。また、権利観念を考察するには、厳複や梁啓超などの知識人の理解を跡付ける必要があり、厳複や梁啓超の権利観を自明のものとすることができないことになる。中国思想の伝統の下で彼らがそれらをいかに理解しどう位置づけたのか、国家と個人の問題が、それといかに関連していたのかなど、さらに探求する必要がある。しかも、この研究課題は、厳複や梁啓超など西洋思想志向の思想家の論述だけで十分な考察はできない。西洋近代思想や明治思想とのズレは張之洞と何啓、胡礼桓の民権論争において示唆されるところが多い。論争自体は権利観念が注目を引いたことを反映している。そして、『欽定憲法大綱』の制定過程において「権利」が無視されて済まないことになるが、論争の一翼である張之洞はその過程において大きな影響を及ぼした。

　では、「権利」という語の変遷はどのような道筋を辿ってきたのか。これからその具体的な状況を見てみよう。

3.1　日本からの影響

　アヘン戦争及び第二次アヘン戦争の敗北を受けて、中国は1850年代から洋務運動を始め、日本視察の官僚や学者が多くなった。しかし、日清戦争での惨敗が洋務運動の失敗を告げた。中国はほぼ同じ時期から近代化を始め、短期間で強国となった日本に学ぼうとした。中国が日本をモデルに選んだ理由としては、地理的距離・文化が近いことや、西洋の先進的制度・知識などが日本においてすでに集約的に整理されていたからである[1]。日本に学ぶルー

---

[1] 班婷:『中国の国語科近代化過程における日本の影響─清末民国前期を中心に─』(学位論文要約)、3、4頁。

3. 逆輸入された「権利」

トについては、日本視察、日本留学や日本書籍の翻訳などが挙げられる。一方、訪日官民や留学生たちが日本を見学し、日本書を読んだ影響で自分の文章にたくさんの日本語を引用した一方、他方ではおびただしい日本書籍が中国語に訳され、出版された。こうして大量の日本語が中国語のなかにどっとなだれこんだ。

3.1.1 訪日官民

清末、中国の国勢が急速に衰えた。特にアヘン戦争以後、中国は各列強の侵略の対象となり、次第に半ば殖民地化していった。中国人は亡国の危機感に襲われ、愛国の志士たちは、痛ましい現実に目ざめて、国を救う道をさがし求めていた[1]。清朝政府は 1850 年代から日本を倣うために使者を派遣し始めた。渡日の学者も現れた。彼らは帰国後、続々と訪日日記や旅行記を発表した。例えば、罗森の《日本日記》（1854 年）、何如章の《使東述略》（1877 年）、斯桂の《使東詩録》（1877 年）、王韜の《扶桑游记》（1879 年）、黄遵憲の《日本国志》（1879 年）、《日本雑事詩》（1879 年）、傅雲龍の《游歴日本図経余記》（1887 年 11 月 14 日－ 1888 年 5 月 29 日）、叶慶頤の《策鰲雑撫》（1889 年）、黄慶澄の《東游記》（1894 年）などである。それらの本は日本の地理、歴史、風土などについて詳しく紹介し、多くの日本製漢語を取り入れた[2]。

黄遵憲は 1877 年に駐日公使の随行員として日本に渡り、日本の政治家・学者と交わって歴史風俗を研究し、その成果と体験を『日本国志』として中国に紹介した。黄遵憲は『日本国志・刑法志序』（1887 年）において「中国は道徳を重んじるゆえに、刑法を卑しめている。それに対して、泰西の論者は

---

[1] 陳生保［述］:『中国語の中の日本語』、（日文研フォーラム / 国際日本文化研究センター編、第 91 回 ）、1997.5 https://nichibun.repo.nii.ac.jp/index.php?action=pages_view_main&active_action=repository_view_main_item_snippet&index_id=798&pn=1&count=20&order=17&lang=japanese&page_id=41&block_id=63

[2] 顧江萍:《晚清民初日語詞匯進入漢語及其啓示》、深圳大学学報（人文社會科学版）第 26 卷第 4 期、2009 年 7 月、91、92 頁。

109

もっぱら刑法を重んじる。民の知恵が日に日に開けて、各々その権利を守ろうと思っているため、訴訟が増えざるをえないし、法令もまとまらざるを得ないし、刑法を崇めるのが国を治め、家を守る手段になり、それを聖書のように尊んできた。同じ法律であろうと、中国と西洋の立論にはそんな行き違いがあったとは一方が本を追究するのに対して、一方がその用を追及するゆえんである」と述べた。また、『日本国志・第九』には「義理を論じると、人間は天地の命を受けて生きており、それぞれ自由自主の道があるという。権利を論じると、君民、父子、男女はそれぞれその権を同じように持っているという」という論述がある。また黄遵憲は西洋の学問が中国の古典から源を見出すことができることを一生懸命主張した。例えば、「泰西の学問を考察すると、その源は蓋し墨子から出るであろう。それは人々に自主の権利があると言う。すなわち墨子の尚同である」がある。彼はそれらの「権利」の使用を中国の古典に論拠を求めようとしたが、日本の影響を受けたことは明らかである。

3.1.2　留学ブームや日本書籍翻訳ブーム

1894 年から翌年にかけての甲午中日戦争（日清戦争）に敗れると、中国の後進性をさらに悟り、近代化を加速させることになる。最も手近なモデルに選ばれたのが日本であった。近代日本に学ぶため、1895 年後の 20 年間に総計 10 万人の留学生が日本に派遣されたと言われる。大勢の中国留学生がはっきりした使命感を持って日本に留学した。明治維新後の日本に学ぶと同時に、日本を通じて西洋文明を中国に紹介した。したがって彼らは短期間の速成的日本語教育を受けたのち、ただちに日本書籍の翻訳に取り組み、それを日本でまたは中国国内に送って出版した。中国国内でも日本書籍の翻訳ブームが起きていた[1]。当時翻訳された書物は政治、経済、哲学、宗教、法律、歴

---

[1] 王彬彬「現代漢語中的日語"外來語"問題」（日本語訳：松永英明）、《上海文学》随筆精品・第二輯・守望靈魂、1998 年。

3. 逆輸入された「権利」

史、地理、産業、医学、軍事、文学、芸術など、社会科学と自然科学のあらゆる分野にわたっている。

日清戦争前、中国語訳の日本書籍は稀にしか見られなかった。『中国譯日本書総合目録』の統計に拠ると中国語訳の日本書籍は、1660—1867 年の間で僅か 4 書、1868 年—1895 年僅か 8 書しかなかった。留日学生が初めて日本書籍を翻訳した記録は 1900 年である。そのしるしは留日学生の最初の書籍翻訳団体である譯書彙編社の成立である。譯書彙編社の主たる事業は『譯書彙編』という月刊誌を出すことであった。主に「以政治一門為主」（政治という分野を主とする）の訳書を出すのを趣旨とし、例えば政治、経済、法律など、他に兵、農、工、商も時々訳し、出版された。譯書彙編社が成立後、その支社とも言うべきものである教科書譯輯社が現れた。中学教科書の編修、翻訳事業を主とした組織であった。譯書彙編社は『譯書彙編』を出版すると同時に、中小学教科書を編修、翻訳する計画を立てたが、中小学教科書を出版することは、譯書彙編社所定の「以政治一門為主」という初心とかけ離れるので、故に教科書譯輯社を支社として別に設立して、主に中小学教科書の出版に専念したのだろう[1]。

「権利」という語は日本で生まれたものではないが、日本書籍の流入は中国における「権利」の伝播に拍車をかけたと言える。1900 年に、ドイツ法学者イェーリングの『権利のための闘争』は日本留学中の譯書彙編社の一員である章宗祥にその前二章を中国語に訳され、『譯書彙編』の第 1 号、第 2 号に発表された。その後、残りの部分は張肇桐に訳された後、前二章と合わせて一冊の図書として出版された。張肇桐の話によると、彼らは「イギリスのエシール、日本宇都宮氏訳本からの翻訳」[2]ということである。したがって、その本が日本語版から間接に訳されたものであることは疑いないであろう。中

---

[1] 洪濤：『清末留日学生―江蘇省を中心に―』、花園大学文学部研究紀要第 48 号、2016 年 3 月、65、66、67 頁。

[2] 伊耶陵著、張肇桐譯：《權力競争論》、文明編譯出版社 1902 年 11 月版、例言 3 頁。

国語版の『権利競争論』は言葉遣いが美しくて、厳密な論説で力強いエネルギーが伝わってくる。原本から訳したものではないが、その魅力が少しも衰えていない。中国語で出版された後、知識人の間でよく広がっていた。特に梁啓超氏はその流布に深くかかわっていた。「権利思想論」は 1902 年の『新民叢報』に連載された「新民説」シリーズの一つである。梁氏の話によると、「大部分はイェーリング氏の著作から引用したものである」[1] ということである。それから、「権利」という語がだんだん広がっていった。

3.1.3　日本製漢語の移入をめぐる論争

　実は中国での西洋宣教師が最初日本語からの訳語にかなり抵抗をもった。イギリスの宣教師である林楽知（Young John Allen、1836 年－ 1907 年）は 1901 年にいたっても「中国が日本の言葉や文字を習ったり、日本人著の書籍を訳したりしようとする」ことに不満を漏らした。日本人が自分に合うと訳す、背くと捨てる、西洋書をそのままに訳すわけではなく、西洋学の真髄をのみこんでいない、つまり私心を抱いて本を訳すのであると彼は考えている。そこで、彼は「今の中国のためを考えて、もし本当に西洋書籍を訳す意欲があれば、日本語の力を借りる必要がない。当面の急務は西洋語館を多く設置して西洋語をもっぱら教えるべきだ。」[2] と主張した。そのころの林楽知は日本が西洋の教会と中国の教育の主導権を争っていることを察知して、もし日本語を通じて西洋学を取り入れる中国人の行為をほったらかしておくと、日本人に中国の教育や思想をコントロールされて、中国における西洋人の特権が脅かされるだろうと恐れている。ゆえに、林楽知にしてみると、日本の言語や文字が邪魔になって攻撃の的となった。そこから和製漢語の流行にとどめをさす意図が窺える。

---

[1] 張枬、王忍之：《辛亥革命前十年間時論選集》巻 1、三聯書店 1960 年第 1 版、128 頁。
[2] 林楽知：《論日本文》后的"本館跋"、載朱維錚編《万国公法文選》、生活・読書・新知三聯書店、1998 年、667 － 669 頁。

3. 逆輸入された「権利」

　しかし、清末の時局はめまぐるしく激動した。宣教師の態度も 180 度急変した。清末・民国初年における宣教師の倫理学訳語の整理事業が日本語辞典をもとにして行われるのはその証である。

　1913 年にイギリス宣教師である李提摩太（Timothy Richard、1845 － 1919）と季理斐（Donald MacGillivray，1859 － 1936）編著の『哲学術語語彙』（A Dictionary of Philosophical Terms）は広学会によって出版された。その序言では、「私たちはもちろんこれらの術語がすべて適当だと同意するわけではないが、堰を切ったように押し寄せてきたそれらに対して知らざるをえない」[1] と記されている。本心からすると、西洋宣教師は和製漢語に賛成しないが、術語選定における中国教育部局の不作為などによる和製漢語の影響の拡大を無視できないと考えている。それゆえ、日本の辞書を通じて術語の整理にとりかかるしかない。彼らは日本百科全書編集出版の『哲学大辞書』を種本として抜粋の形で『哲学術語語彙』（A Dictionary of Philosophical Terms）を訳したのである [2]。

　それに対して、王国維は和製漢語に賛成の態度を示した。即ち、「数年来、形而上の学がだんだん中国に入り、そして日本があり、中に立って橋渡しをしている。それで、西洋語から訳された和製漢語はおしとどめられないほど吾が国の文学界（社会人文分野）に侵入してきた。日本の学者が既に定めたからには、受け継いで使ってもいいではないか。甚だ妥当でないものでなかったら、作り直す必要がない。侯官厳氏（厳複）は今学術名詞を作ることで名を馳せているが、その造語には適当なものが多いし、適当でないものも少なくない。その最も有名なものを挙げてみよう。たとえば、evolution が「天演」に訳され、sympathy が「善相感」に訳された。「天演」と「進化」、そして「善相感」と「同情」と、どちらが優れて、どちらが劣っているか、外

---

[1] D.MacGillivray,Preface.A Dictionary of Philosophical Terms.Christian Literature Society for China,Shanghai, 1913.

[2] 楊玉榮著、中国近代倫理学核心術語的生成研究、武漢大学出版社、2013 年 9 月、384 頁。

国語の知識を少しだけ身につける者にとっても一目瞭然であろう。学識の豊かな厳氏であってもそれをまぬがれないが、まして他人ではとても無理である。それに日本人がぞんざいに訳語を定めるわけではないが、数十年を経て、数十の専門家に練られてはじめて定着したのである。日本人の訳語を取り入れるにはいくつかのメリットがあると思う。一つは因襲が想像よりたやすいことである。第二、両国間の学術交流に便利で、つりあいの取れない恐れがない。（ドイツの学者が学術用語においてラテン語のかわりにドイツ語を使うことをショーペンハウアーはあざけて批判し、イギリスやフランスの学者もドイツ学者のようにおろかだったら、我輩が一つの分野の学術用語を習う際に、かならず四、五回習わずに済まないと言った。その指摘が深く味わう必要がある））これらの二つのメリットがあってデメリットがないからには、何を嫌がったり、疑ったりして使わないのであろうか」[1]。

3.2 「権利」（right）に対する中国知識人の理解

日清戦争における敗北が亡国の危機感を生んで、国家の独立という政治意識を刺激し、愛国心と「国民」形成の課題が浮上して、はじめて right という近代的観念が受容され始めることになる。清朝を改革しようとした変法運

---

[1] 數年以來，形上之学漸入中国，而又有一日本焉，為之中間之驛騎，於是日本所造譯西語之漢文，以混混之勢，而侵入我国之文学界（引按：王国維在此是在古漢語的意義上使用 "文学" 一語，相當於我們今天所説的社會人文領域），……日本之学者既先我而定之矣，則沿而用之，何不可之有？故非甚不妥者，吾人固無以創造為也。侯官嚴氏，今日以創造学語名者也。嚴氏造語之工者固多，而其不當者亦複不少，茲筆其最著者，如 Evolution 之為天演也，Sympathy 之為「善相感」也。而天演之于進化，善相感之於同情，共對 Evolution 與 Sympathy 之本義，孰得孰失，孰明孰昧，凡稍有外国語之知識者，寧俟終朝而決哉！……夫以嚴氏之博雅而猶若是，況在他人也哉！且日人之定名，亦非苟爲而已，經專門數十家之考究，數十年之改正，以有今日者也。竊謂節取日人之譯語，有數便矣：因襲之易，不如創造之難，一也；両国学術有交通之便，無扞格之虞，二也。（叔本華譏德国学者于一切学語不用拉丁語而用本国語，謂如英法学者亦如德人之愚，則吾儕学一専門之学語，必学四五度而後可。其言頗可味也。）有此二便而無二難，又何嫌何疑而不用哉？（21）王国維：《論新学語之輸入》，見《王国維論学集》，中国社會科学出版社 1997 年 6 月版。

114

3. 逆輸入された「権利」

動が挫折しても、この大きな流れは変わらない。半植民地が進行し、国家の
独立や政治主体の自立という問題をいっそう際立たせてきたからである。以
下に述べるように、厳復らは「権利」という語に対して反対の態度を示した
が、梁啓超らの努力によって「権利」という語の定着はすでに押しとどめら
れない趨勢になる。

3.2.1 厳復の訳語

　「中国にもともとなかった」西洋思想に対して厳復の作業は新しい概念を
取り入れて語彙を作ることである。問題は「存在するかもしれないが訳者は
見たことがない」語彙（「名義」）に対してどのように処理するかということ
である。異なった言語が対訳関係を築くことができるというのはお互いに受
け入れられる意味系統を持っているからである。さらに考えてみると、人類
は果たして意味世界の原風景を分かち合うことができるのであろうか。もし
答えが Yes だとしたら、「見たことがない」語彙を見出すだけでいい。厳復は
「訳しにくい肝心な言葉を訳すために、常に流れに沿って源をさかのぼらな
ければならない。西洋語の最古の意味を取って考え、派生した一切の意味を
広く収集した後、中国語に戻って類似したものを考察すれば、しばしば得る
ところがある。しかも、意味が合致して離れ難い」[1] と考える。例えば、right
の訳語としての「権利」に対して、厳復は次のように述べている。

　　ただ Rights という字について、僕はこれまでの三年間、初めて西洋の政治理論の書籍
　　を読んだころ、この字に訳語がないことに苦しんでいて、むりやりに「権利」という二
　　つの字に訳すのはさながら覇道で王道を訳すようで、理想にひどく害を及ぼす。その後、
　　たまに『漢書』をめくってみると、「朱虚侯忿刘氏不得职（朱虚侯が劉氏が職を得ないこ
　　とに怒っている）」が目に入った。この「職」が即ち Rights の訳語であることをはたと

---

[1]　原文：“蓋翻艱大名義，常須沿流討源，取西字最古太初之義而思之，又當廣搜一切引伸之意，而後
　　回觀中文，考其相類，則往往有得，且一合而不易離”《尊疑先生複簡》、《新民叢報》1902 年第 12
　　期、王栻主編《嚴復集》第 3 冊、519 頁。

115

思いついた。しかし、その意味が Duty と区別がつかないし、通用できないので、また放っておいた[1]。

（中略）

　「直」という字で Rights を訳すのは特に疑う余地がない。（中略）この Rights という語は西洋語にも「直」という意味がある。ゆえに幾何学の直線は right line といい、直角は right angle という。中国と西洋の解釈はまさに同じようであることがわかる。「直」で「職」に通じるのは物象の正しい者をもって民が生まれながらにして持っているものとして見なされるのでお互いに通じ合う。これはもっとも正当であって変えることのできない道理である。権利のように力で求めて営んで、もともともっているものではないものと違う。しかも、西洋語に born right および God and my right などの言葉があり、生まれながらにして得るべき「民直」とは言えるが、生まれながらにして得るべき「権利」とは言えない。（中略）obligation が義務になり（僕は前に民義と訳して、上述の民直とセットにしたわけである。）、Dut（原文はそのままであるが、実は duty であろう。筆者注）が責任になるのは、わたしとしては異議がない[2]。

　厳復は『滑达尓各国律例』において right が「道理」に訳されたことを知ったが、そういう訳語は取り入れなかった。推敲を重ねて「直」を選定した。厳復訳『群己権界論』には、right がそれぞれ「民直」、「天直」に訳された。これらは「民権」、「天賦権利」に対応している。

　「直」という字は「目」と「十」の組み合わせによって作られたものである。『説文』では、「まっすぐに見る（正しい意見）」と言い、徐鍇『説文解字

---

[1] 原文：惟獨 Rights 一字，僕前三年，始讀西国政理諸書時，即苦此字無譯，強譯"權利"二字，是以霸譯王，于理想爲害不細。後因偶披《漢書》遇"朱虚侯仇劉氏不得職"一語，恍然知此職字，即 Rights 的譯。然苦其名義與 Duty 相混，難以通用，即亦置之。《尊疑先生複簡》、《新民叢報》1902 年第 12 期，王栻主編《嚴複集》第 3 冊，518 頁。

[2] 原文：而以直字翻 rights 為鉄案不可動也。（中略）rights 字，西文亦有直意，故几何直線謂之 right line，直角謂 right angle，可知中西申義正同。此以直而通職，彼以物象之正者，通民生之所応享，可謂天経地義，至正大中，豈若權利之近于力征経営，而本非其所固有者乎？且西文有 born right 及 God and my right 諸名词，謂与生俱来応得之民直可，謂与生俱来応享之權利不可。（中略）至 Obligation 之为義務，仆旧譯作民義与前民直相応。Duty 之为責任，吾無間然也。《尊疑先生複簡》、《新民叢報》1902 年第 12 期，王栻主編《嚴複集》第 3 冊，519 頁。

116

系伝』では、「十対の目で見るのは直なり」と言う。即ち共通的な認識である。『尚書・洪範』では、「王道は正直なり」と言い、即ち「王道」が共通的認識とされた。つまり、意見が正しいかどうかは王道によって判断されるのである。王道に合うものこそ「直」である。「直」にはもう一つの意味がある。それは貨幣の価値を指している。『史記・平準書』では、鹿の皮が「为皮币，直四十万（皮貨幣として、その価値は四十万である）」であるという出典がある。そこから敷衍して、「物価は直と言う」、「召し使いの報酬も直と言う」などの派生的意味も生まれた。

　厳複の考察によると、「正当性」の含まれている right は西洋語としても「直」という意味があり、ゆえに幾何学の直線は right line といい、直角は right angle という。中国と西洋の解釈はまさに同じであることがわかる。しかし、西洋では、「正当性」は基準や尺度から由来したのに対して、中国では、正当性は「十対の目で見る」ことで生まれた共通的認識に由来している。中国での「正当性」は共同体の意識を反映し、「王道」を最高の印と見なした。つまり、共通的認識は王権の正当性を支えており、同時に王権に代表されて王道になってきたのである。

　厳複は王道を念頭に置いて古典中国語の中から 3 年かかって「直」という字を求めた。そして、「天直」、「民直」をもとにして群（集団）と己（個人）の境界線を画して、「天听民听」、「天視民視」に法律上の権利を与えようとした。厳複は『漢書』で「忿刘氏不得职」を見つけて、「職」に rights の意味があると感じたが、もし「職」に訳すとしたら、duty とまぎれやすくなると心配した。Duty は「負うべきこと」のほかに、「義務」、「責任」、「税金」などの意味があるからである。その後、王引之の『経義述聞』を読んで、『毛詩』における「爰得我直（爰に我が直［よろ］しきを得ん）」[1]の「直」を「職」に当てるのを見て、「直」で rights を訳したわけである。その詩は即ち『魏

---

[1] 現代日本語訳：(樂国にいけば、) 志を伸ばすことができるでしょう。訳文出自『漢籍国字解全書』、早稲田大学出版部、1907 － 1917 年。

風・碩鼠』で、人々に「適彼楽土（彼の樂土に適かん）」[1]と呼びかける。三つの段落からなるこの詩はその段落のおわりにそれぞれ「楽土楽土，爰得我所（楽土楽土、爰に我が所を得ん）」[2]、「楽国楽国，爰得我直（爰に我が直［よろ］しきを得ん）、「楽郊楽郊，誰之永号（樂郊樂郊、誰か之れ永く號［さけ］ばん）[3]がある。

「楽土」を選んで安んずること──「我所」、「楽国」を立てて志を伸ばす（つまり他からの干渉を受けず、独立して事を行う）こと──「我直」、「楽郊」でのんびりと農業生活を送ること──「我號」、「楽土」「楽国」「楽郊」はそれぞれ「我所」「我直」「永號」に対応し、理想的な政治への民衆の素朴な願望を表している。

『詩』における「我直」は貨幣価値の意味に基づく「私の報酬」ではなく、「正しい意見」、「正直」に基づく「私の正当性」である。「我直」をもとにして、その源は「天直」で、自然法によって天賦人権が付与されるが、その帰結は「民直」で、万民法が適用される。「我直」を思想の原点とするなら、「自由を体とし、民主を用とする」という厳複の従来の発想にぴったり合うが、彼は「我直」をもって思想体系を構築するのではなく、「我」を隠して、「天」や「民」で入れ替え、「天直」「民直」を提唱したのである。

今の考えでは、民主は普遍的価値を有すると考えられているが、清末のころは、そうではなかった。樊錐という人は「民権」を提唱したとたん、追放されるはめになった。『乱民樊錐の追放についての邵陽士民の告白』という文章では、「天下を治めるものは、権力を人の手に渡すことができない。ましてや庶民に渡すことなどありえない。樊錐はだれでも自主の権があると唱え

---

[1] 現代日本語訳：あの樂土に行きましょう。訳文出自『漢籍国字解全書』、早稲田大学出版部、1907－1917年。
[2] 現代日本語訳：樂土にいけば、安んずることができるでしょう。訳文出自『漢籍国字解全書』、早稲田大学出版部、1907－1917年。
[3] 現代日本語訳：樂郊にいけば、こんなに叫びまわることもないでしょう。訳文出自『漢籍国字解全書』、早稲田大学出版部、1907－1917年。

た。それは人々がそれぞれその心を心とするようにさせて、吾が億万人民に無法の限りを尽くすようにさせようとする」[1]ものだと書かれている。してみると、「民主」や「自主の権」はまだすべての知識人や庶民に受け入れられていないことがわかる。

　「直」という語はright の意味にぴったり合い、学問においては確かに「信・達・雅」という厳複の翻訳基準に合致したものであるが、その学術価値とひきかえに、民衆を呼びかけるには役立たなかったようである。「民直」は「民本」に比べて自主性を持っているが、その自主性も考拠学で見つかったもので、民衆には親しみがない。音声から見ても、開口度が小さくて響きがあまりよくない。開口度が小さくて響きがよくない以上、スローガンとしてはふさわしくない。それに対して、「民権」はスローガンとしてはふさわしい。意味は確かに重要であるが、発音もおろそかにすることができない。観念が一旦民衆に理解されるとスローガンになることがある。スローガンになったとたんに、観念が民衆をとりこにする。その付き物は民衆運動である。

　「民権」という語は日本から伝わってきたものである。それは日本の自由民権運動の中で広がった言葉で、中国に伝わってくると、民衆運動を巻き起こす可能性もありそうだった。もともと「権利」という語は中国で生まれたもので、それをもとにして日本で民権思想が勃興したわけである。しかし、「権利」の逆輸入は中国で運動を巻き起こすのがなかなか困難であった。中国の儒教伝統と矛盾するところがあってたやすく受け入れられないからである。

　前述のように「権利」という二つの字は漢代以後、中国の文化においては、覇道のキーワードになったが、丁韙良氏は先秦時代の意味でそれを王道に取り入れて「人欲」を唱えたのである。王道は「存天理、滅人欲（天理を存し

---

[1] 原文：治天下者，大權不可以旁落，況下移于民乎？樊錐謂人人有自主之權，將人人各以其心爲心，是使我億萬人民散無統紀也。葉德輝編：《翼教叢編》、沈雲龍主編《近代中國史料叢刊第六十五輯》、臺北：文海出版、1971 年、346 頁。

て人欲を滅する）」でほとんど中国全体を王道の中国に変えた。近代以後、西洋学は覇道と同盟を結んで王道を覆そうとする。その最も著しいメルクマールは『万国公法』に「権利」が出てくることである。王権が民権に左右されるのは「覇道で王道を訳す」という訳し方に反映されている。厳復は「人欲」を大げさに鼓吹する「権利」を激しく批判した。彼は「権利」という観念に含まれている自由民主の思想に反対しないが、その中に含まれている「人欲」の意図に反対したのである。厳復にしてみると、自由民主の正当性は「権利」で表すことができない。というのは権利の裏に権勢が後押しをするだけでなく、権謀を引き起こすおそれがあるからである。特に民権というものはあらゆる人の「人欲」のかたまりで、ありとあらゆる罪悪がその中から生まれたと思われる。西洋のことわざに「人民人民、汝の名でいかほどの罪悪が行われたことか」というのがある。西洋人も「人間の心こそ戦場なり」と言った。それはあたかもダンテの詩で描かれた地獄のようである。

厳復の訳語が死語になったのも「権利」という語がすでに中国でずいぶん広がったことを示している。

3.2.2 梁啓超の理解

梁啓超は『论中国积弱由于防弊（中国の貧弱が弊端を防ぐことに由来することを論じる）』（1896 年）においてはじめて「権利」（「権」）に触れた。即ち「地は人を積みて成り、国は権を積みて立つ。ゆえに全権の国は強く、缺権（権の欠けること）の国は敗れ、無権の国は亡ぶ。全権とはなにか。国の人が各々その固有の権を行うことである。缺権とはなにか。国の人のなかに権のある人と権のない人がいることである。無権とはなにか。権がどこにあるかを知らないことである。無権はいかにして生ずるのか。はじめは一人が衆人の権を奪おうとするが、衆権が繁雑で大きいゆえに一人の智と力では担いきれず、そのためその権はおとろえ、ついには喪失してしまう。しかしながら既に衆人が失った権は以前のようには回復することができず、こうして権の所在が分からなくなってしまうのである。ゆえに防弊は争権に始まり譲

権に終わる」[1]と。文中の「権」という語に「権利」という意味が含まれているが、権力の意味も払拭されていないことがわかる。それらに共通する意味は力であり、その力の根拠は人そのものではなく、地位とりわけ国家機構における地位にある。しかも、ここの「権利」は国権と関連を持っている概念だと思われる。

　そして、「現在，中国を論じる者は皆『民権を興じる』を主張する。それはもちろん正論であるが、しかし民権は一朝一夕に実現できることではない。権は智から生まれるもので、すなわち、凡そ権利と知恵とは不即不離の関係にある。一分の智ある人は一分の権があり、百分の智ある人は百分の権がある。そこはごまかすことができまい。一国の自立を図ろうとするならば、先ず国民の知恵を一国の政治を行うに足りるようにしておかなければならない。今日の中国では、最大の課題は『民智未開』ということである。『民智未開』の故、人材は不足しており、かりに権利を与えられても断じて保持し切れない……権と智は不即不離の関係にある。昔、民権を抑えようとするには、必ず民智を塞ぐことを第一義としてきたが、今日、民権を伸ばそうとするならば、必ず民智を広めることを第一義としなければならない……」[2]と主張し，更に「民権を興じる前に、先ず紳権（士紳の権、つまり、地主の権、筆者注）を興じるべきだ」と直言した。ここで、梁は「民智を開く」ことの重要性を強調した。それは今の世界が力ではなく、智によって勝負がつく時代

---

[1] 原文：地者積人而成，国者積權而立，故全權之国強，缺權之国殃，無權之国亡。何謂全權，国人各行其固有之權；何謂缺權，国人有有權者，有不能自有其權者；何謂無權，不知權之所在也無權惡乎起？曰：始也，欲以一人而奪衆人之權，然衆權之繁之大，非一人之智與力所能任也，既不能任，則其權將糜散墮落，而終不能以自有。《論中国積弱由於防弊》1896年。

[2] 原文：今之策中国者，必曰興民權。興民權斯固然矣，然民權非可以旦夕而成也。權者生於智者也，有一分之智，即有一分之權。有百分之智慧，即有百分之權利；一毫不容假者也。故欲求一国自立，必使一国之人之智慧足可治一国之事，然後可。今日之中国，其大患總在民智不開。民智不開，人才不足，則人雖假我以權利，亦不能守也。士氣似可用矣，地利似可恃矣，然使公理公法、政治之學不明，則雖有千百忠義之人，亦不能免于爲奴也。……是故權之與智相倚者也。昔之欲抑民權，必以塞民智爲第一義；今日欲伸民權，必以廣民智爲第一義。《上陳寶箴書論湖南應辦之事》1897年冬、《湖南時務學堂遺編》第1集。

であるという認識によるのであるが、そればかりでなく、梁にしてみると、民権は民智と密接な関係を有している。国権の伸張は民権の伸張に結びついており、民権の伸張には民智の開明が欠かせない。論説のテーマからして、為政者へのアドバイスとして上から民衆を勧導し、民智を開いて中国の危急を救うことが急務であると見なされる。「啓蒙」の必要性を根拠づける一方、権の大小が智の高低によって伸縮するという考え方にも結びつきやすい。こうした「権」は価値理念としての天賦人権とはおよそ無縁である[1]。また、ここでの民権は君権に対立する概念であり、権の総和を君と民に配分するという認識モデルが含まれている。

　そうした関係の延長線上にあるのは権利と義務の関係である。即ち「権利思想というものは、自分が自分に対して当然尽くすべき義務であるだけでなく、個人が集団に対して当然尽くすべき義務でもある」[2]と。また、「法家は君には権利あって義務なし、民には義務あって権利なしとし、儒家は君には権利と義務があり、民には義務あって権利なしとする」と述べ、とりわけ儒教の「仁」「仁政」思想に批判の矛先を向けた。梁啓超は東西の倫理観を対比させ、「中国人は好んで仁を語り、西洋人は好んで義を語る。仁とは人なり、私が人に利益を与え、人も私に利益を与えてくれる。故にその重きは常に他人側に置く。義とは私なり、私が人に損害を与えず、人から損害を与えられることも許さない。故にその重きは常に自分側に置かれる。（中略）ひたすら他人の仁愛を待受けることは、自ら自由を放棄することに等しい」[3]と儒教的

---

[1] 藤井隆：『民権論の転換───戊戌前後の梁啓超』、『広島修大論集・人文編』41（1（2））（通号77）［2000 年 9 月］。

[2] 原文：權利思想者，非徒我對於我應盡之義務而已，實亦一私人對於一公群應盡之義務也。《論權利思想》1902 年。

[3] 原文：法家以為君也者有權利無義務，民也者有義務無權利；儒家專指小康。以為君也者有權利有義務，民也者有義務無權利。其言君之有義務等耳。夫其所以能實行者何也？必賴對待者之權利以監督之。今民之權利，既怵於学説而不敢自有；則君之義務，其何附焉？此中国數千年政體，所以儒其名而法其實也。吾非崇道家言。道家思想之乖謬而不完全更甚也。《論中国学術思想變遷之大勢》1902 年。

3. 逆輸入された「権利」

倫理観の落とし穴を指摘している。真の権利は個人の自主性が無視できない。中国においては、「わが国の四億の衆は数千年、民賊政体の下で支配され、まるで暗い淵に棲む盲目の魚が突如海に出てもなお日が見えない、長年纏足してきた婦人が突如足を縛る布を外されてもなお歩けない、といったような状態にある。無知の極まりで、天地の間に民権というものがあるのを知らず、お前には固有の<u>権利</u>があるのだと言われると、却って驚愕し、不安になって耳を塞いで逃げてしまう。これはすなわち私がいつも言っている奴隷根性ということである。奴隷根性の持ち主は、自分が奴隷の身分に甘んじるだけでなく、奴隷ではない他人を見て却って嘲笑する」[1]という状況である。そうした状況では、人権や自由はすこしも頼りにならない。「今幸いにしてこの習俗の自由を得た理由は、官吏が禁じないのを頼りにしてきたにすぎず、一旦禁じられれば、その自由は忽ち消滅し跡形もなくなる。官吏が禁じない理由は、人権を尊重し敢えて禁じようとしないのではなく、ただその支配術が拙劣で、職務怠慢で庶民を干渉する暇がなかっただけである。その気さえあれば、官吏はいつでも禁じることが出来るし、自由はいつなくなってもおかしくはない。その程度の自由は奴隷の自由と言う。思想の自由に至っては、すべての自由の基であるが、政府がわざわざ禁じなくても、世間は自ずと禁じている」[2]と言ったように、人権や自由はややもすれば失う場合に、自主性がますます必要となる。そのため、「最大多数の最大幸福」という観点から、梁啓超は「欧米諸国の法律で定められた諸権利、例えば人民の参政権、任官

---

[1] 原文：我国蚩蚩四億之衆，數千年受制于民賊政體之下，如盲魚生長黑壑，出諸海而猶不能視；婦人 纏足十載解其縛而猶不能行。故步自封，少見多怪，不知天地間有民權二字". 《愛国論》1899 年 2 月。

[2] 原文：今所以幸得此習俗之自由者，恃官吏之不禁耳，一旦有禁之者，則其自由可以忽消滅而無複蹤影。而官吏之所以不禁者，亦非專重人權在而不敢禁也，不過其政術拙劣，其事務廢馳，無暇及此雲耳。官吏無日不可以禁，自由無日不可以亡，若是者謂之奴隷之自由。若夫思想自由，為凡百自由之母者，則政府不禁之，而社會自禁之。以故吾中國四萬萬人，無一可稱完人者，以其僅有形質界之生命，而無精神界之生命也。故今日欲救精神界之中國，舍自由美德外，其道無由！《十種德性相反相成義》1901 年。

権、言論・結社・出版・移住・信仰などの権利は、立法にかかわる者が自ら
の利益を守るために設けたものに外ならない。(中略)故に今日の文明国では
立法権は最大多数の国民に属するのが、一般的である」と述べた。そして、
「そもそも欧米諸国の政治の基礎は民権にある。そして民権の基本は、国民が
権利を守るために少しも譲歩しようとしないという性質にある。それは、す
なわち世の中の人が皆、毛一本の損でもしようとせず、自己に利することを
以て天下に利するということである。従って中国人の尊ぶ利己心は本当の利
己ではないと思う。なぜなら本当の利己であれば、なぜ自己の権利を奪われ、
自己の命を握られた状態に置かれていても、平然としていられるのだろう
か」[1]と言う。また「権利思想の強弱は実は当事者の品格にかかわっている」[2]
と言ったとおり、権利は「当事者の品格」即ち道徳と結びついている。

　つまり、梁啓超の権利観は個人の自主権利を唱えるだけでなく、国家権利
をもスローガンとして掲げていた。両者は矛盾しながらお互いに依存してい
る。まさに土屋英雄の指摘したように「梁にとって、権利・自由は他の価値
から離れて独自的に位置づけられるものではなく、それらは構造的に国権と
の関係で位置づけられるものであった。つまり関係概念であった。亡命後の
梁の権利・自由論は、『西洋』摂取との連関で重層的、選択的なものとなり、
このことによってその論説の構図がより複雑になっているが、彼の思想的特
質が変質したわけではない。この特質的持続は国権を起点とした後の国権重
視期にも適用する。民権救国論と国権救国論は相互に対立的、異質的なもの
であるかのようであるが、権利・自由が国権との関係概念であるということ
では連続していた。そうであるから、梁が権利・自由を最も重視した時期で

---

[1] 原文：蓋西国政治之基礎，在於民權，而民權之鞏固，由於国民競爭權利，寸步不肯稍讓，即以人
　人不拔一毫之心以自利者利天下。觀于此，然後知中国人號稱利己心重者，實則非真利己也。苟其
　真利己，何以他人剝奪己之權利，握制己之生命，而恬然安之，恬然讓之，曾不以為意也？《十種
　德性相反相成義》1901 年。
[2] 原文：權利思想之強弱，實為其人品格之所關。《論權利思想》1902 年。以上の梁啓超の文章の訳
　文はを班偉：清末における「権利」観念の受容─梁啓超の権利論を中心に─参照のこと。

3. 逆輸入された「権利」

も、それらと国権は不即不離であり、国権を最も重視した時期でも、それから権利・自由が切り離されることはなかった」[1]と言える

一方、梁啓超の権利観には権利競争論が重要な位置を占めている。この権利競争論が加藤弘之の影響（間接的にドイツ法学者イェーリングの影響）を受けたと考えられた[2]。前にも述べたように、加藤弘之は社会進化論の有力な提唱者で、権利が権力によって生成し、権力によって保障される。言い換えれば、権力の同義語と目されていると主張した。梁は加藤の影響を受け、権利競争の裏に潜んでいる力の闘争を唱えた。『先秦政治思想史』(1922 年) で、梁が西洋の権利観と孟子の「仁」学との比較考察を行った。そして、「権利という観念はまったく彼我の対抗から生まれたもので、彼我の相通う「仁」の観念とは絶対相容れない。そして、権利というものは限りのない拡張性をもっているのがその本質であり、自足している日はかつてない。誠に孟子の言ったとおり、「萬で千を取り、千で百を取っても満足しない」[3]というものである。お互いに権利を拡張した結果、「争奪相殺す、これを人患と謂ふ」[4]（『礼運』）という一途を辿るようになる。対抗、拡張、争奪をもって立論する西洋の権利観は、孟子の学説を規準として守っている中国人にはその醍醐味を十分に味わうことができない。梁は社会進化論の影響を受けて強権思想を唱えた。その強権思想は権利あるいは自由をある種の勢力や強権に具体化し、権利が実力の競争によって獲得されるものてあると主張した。この思想は中国救亡図存の史的背景において多くの知識人の共感を呼んだ。胡適や梁

---

[1] 土屋英雄：『梁啓超の「西洋」摂取と権利・自由論』、狭間直樹『共同研究 梁啓超——西洋近代思想受容と明治日本——』、みすず書房、1999 年、160 頁。

[2] 鄭匡民：《梁啓超啓蒙思想的東学背景》、上海書店出版社、2003 年 10 月。

[3] 『孟子・梁惠王章句上』における原文：萬乗之国弑其君者、必千乗之家、千乗之国弑其君者、必百乗之家、萬取千焉、千取百焉、不爲不多矣、苟爲後義而先利、不奪不饜（戦車一万を抱える国で、その君主を殺す者は、必ず戦車一千を抱える大家臣です。戦車一千を抱える国で、その君主を殺す者は、必ず戦車一百を抱える大家臣です。万の国で千、千の国で百ならば、国の十分の一も扶持として貰っている家です。これが少ないわけがない。だが、義を後にして利益を先にするような輩ならば、国中奪い取るまで満足しないでしょう）。

[4] 原文：争奪相殺，謂之人患"。《禮記 ・ 禮運》。

漱溟はその影響を受けて権利の競争を唱えたが、天賦人権論の意義はなおざりにした。一方、社会進化論は進化を個人対個人の次元ではなく、社会対社会の生存競争の場で考察する思考様式である。これにより「群性」を加え、人間を定義する考え方が一般的となる。つまり、もう一つ人間の自然なあり方として集団形成を想定するのである。梁啓超において民権あるいは民力を方向性を持った力として捉えることにより、力を評価することが可能となった。そこで言う評価とは決して規範的な次元でのそれではない。あくまで「強い力」（国家の力）と「弱い力」（国民の力）という，「強さ」という軸上での評価に過ぎないのである。

　また、梁の権利観は法律に基づいているのではない。そこで先送りされた問題もある。それは新しく都会（市場社会）で関係を持たねばならなくなった「匿名」の人々の間での倫理問題である。このことは「国家」というフィクションを構成する、ある種対等な構成員同士の人間関係をどのように導くのかという重要な問題である。市場社会における個人の欲望を達成するためのルールとしての問題とも関連する。日本の天賦人権論争において国民の順法精神が強調されていた。福沢諭吉も市場に混乱をもたらさないための「規則」の重要性を力説していた。梁啓超は『新民説』においてもこの順法精神にはほとんど言及しておらず、むしろ個人の内的道徳性を向上させることにより主体的自覚を促すことに重点が置かれていた[1]。権利観念が法律の制定原理としてより、倫理的原理としてもっぱら受容されたと言える。言い換えれば、梁の権利概念はイェーリングの Recht（法と権利）とかなり違う。実は梁の権利概念には重層的な意味が含まれている。具体的に言うと、個人自立の権利、競争から生まれた権利、良知の意味で言う権利、伝統的価値観と両立している権利などいずれも梁の権利概念の内容と見なすことができる。それゆえ、それぞれに個人主義、進化論、良知論などの思想的源流が潜んでいる。

---

[1] 小林武・佐藤豊：『清末功利思想と日本』、研文出版、2011 年。

3. 逆輸入された「権利」

3.3　民権論争における「権利」

　前述のことから、甲午中日戦争（日清戦争）の後、right が個人の権利や
自由と関わる新しい観念として流布し始めたことが窺えるだろう。保守派が
「権利」観念に危険を嗅ぎ分けたことからも明らかである。

　民権を興し、議院を設立し、近代民主政治をめざすことは 19 世紀末・20
世紀初頭の中国の有識者の強い要望であった。中国人にとっては、民権と議
院という観念は、アヘン戦争以後、洋学の伝来に伴う舶来品であり、戊戌の
変法に至ってすでに試みてはいるが、張之洞はその変法の著作『勧学篇』で
批判の意見を述べた。そこから近代民主政治に対する張之洞の初歩的な認識
がおおまかに窺える。

　まず、民権について、張之洞は中国の伝統的綱常倫理の視角から民権を否
定し、民権を「君臣の綱」と衝突するものと考え、「君臣の綱を知れば、民権
の説は実行できない」と結論を下した[1]。張之洞にしてみると、「民権の説は
一つの益なくて百害あり。（中略）もし民権の説が提唱されると、愚民はきっ
と喜び、乱民はきっと乱暴を働き、綱紀は廃れ、騒乱はあちこちで起こるよ
うになる。まさかこの案を出す者は一人だけで生きていけるものか」[2]と。い
わゆる「民権の説」は「騒乱を招く言論」で、中国の伝統的倫理秩序にとっ
てよくないだけでなく、社会や政治秩序の安定に害があるということであ
る。一方、張之洞は西洋の「民権説」の真義を究明しようとした。「外国にお
ける民権説の由来を考察してみると、その意味は国に議院があり、民間が公
論を発表して民情を伝えることができると言うだけである。しかし、民衆に
民情を述べてもらおうとするのであるが、権利を握ってもらおうとするので
はない。訳者がその文を変えて民権というのは間違いである。……近頃、西

---

[1] 《明綱第三》,《勧学篇》内篇, 13 頁。
[2] 原文："民權之説, 無一益而有百害。……使民權之説一倡, 愚民必喜, 亂民必作, 紀綱不行, 大亂
　四起。倡此議者, 豈得獨安獨活？"。《正權第六》,《勧学篇》内篇, 21 ～ 22 頁。

127

洋の説を援用するものは誰にも自主の権があると主張する。これでは、ますますでたらめである。その語は彼の宗教の経典に出てきて、その意味は人間が神から性霊（精神）を賜り、それぞれに知慮聡明があり、みな前途有為である。訳者がこれを「誰にも自主の権がある」と解釈するとは大間違いである。西洋諸国では、君主であろうと、民主であろうと、君民共主であろうと、国には必ず政があり、政には必ず法があり、官には官律があり、兵には兵律があり、工には工律があり、商には商律があり、弁護士はそれを習い、裁判官はそれを司り、君民はみなその法に違反することができない。政府の命令には議員が反発することができるが、議員の定めたことは政府が覆すことができる。人々に自主の権がないとは言えるが、どうしてだれにも自主の権があると言えるであろうか」[1]と述べた。彼にしてみると、西洋に源を発する「天賦人権論」は誰にも法律の保護を受ける各種の基本的権利があることを指す。人間の「自主」権利は絶対的ものではなく、その前提として関連法律を守らなければならない。したがって、民権は字面だけを見て「民が権を握ること」あるいは「誰にも自主の権があること」と解釈することができない。つまり、「民権説」について張之洞はつぎのような四つの点を指摘した。第一は議院があること、第二は民衆が議院を通じて政治を議論すること、第三は法制が完備しており、人々が法律を守らなければならないこと、第四は朝廷（君主）が議院や政府を凌ぐことである。以上は張之洞の君主立憲政体構想の四つの要素である。張之洞はここで「民権」と「民主」を区別して、「民権」

---

[1] 原文："考外洋民權之説所由來，其意不過日国有議院，民間可以發公論達眾情而已。但欲民申其情，非欲民攬其權。譯者變其文曰民權，誤矣。……近日撫拾西説者，甚至謂人人有自主之權，益為怪妄。此語出於彼教之書，其意言上帝予人以性靈，人人各有智慮聡明，皆可有為耳。譯者竟釋為人人有自主之權，尤大誤矣。泰西諸国，無論君主、民主、君民共主，国必有政，政必有法，官有官律，兵有兵律，工有工律，商有商律，律師習之，法官掌之，君民皆不得違其法。政府所令，議員得而駁之；議院所定，朝廷得而散之。謂之人人無自主之權則可，安得日人人自主哉？"《正權第六》，《勸学篇》内篇，22 − 23 頁。

でなく、「民主」にのみ反対の態度を示す[1]。確かに近代的意味において、「民権」と「民主」は異なり、その時点において区別せずに混同する人も多々ある。張之洞はそのころ中国で広がっていた「民権説」が西洋のそれと同一物ではないとかすかに感じていたようである。張之洞が批判した「民がその権を握ること」「人々に自主の権があること」は実に「民主」に当たっている。そうしてみると、「民主」と「民権」の概念についての張氏の理解は当たっていないことがわかる。張氏の挙げた第四の要素からみると、政治体制の選択について、張氏が民主共和政体に反対し、君主立憲政体に賛成することがわかる。張氏は二つの反例をあげて民権問題を討論した。すなわち、当時の二つの有名な民主共和国で、一つは革命を通して「暴君虐政」を覆したフランス、もう一つは「下のほうは私心を抱き、上のほうは不公正である」という選挙の弊害が次々と現れてずいぶん悩んでいるアメリカである。明らかに両国の政治制度に張之洞が賛成していないことがわかる。権利をもった個人が国家という政治共同体を構成して、その政治意思を作り出すという考え方は拒絶されたのである。君主や官僚は政治的に専断すべきだというのが、変法維新運動を批判する立場からの自明な認識であった。

　張之洞に対し、何啓、胡礼桓は天賦人権論を提唱した。彼らは人民の権利は天から賜って生まれながらにしてもっているもので、誰にも奪われることができないと指摘した。すなわち、「権というものは天のなすところで、人の立てるところではない。天は人間に生命をあたえたからには、必ず生命を守る権を与えるに違いない。天は各人に百物を与えたからには、必ずその所有物を守る権を与えるに違いない。（中略）討つとは天が討つと言い、伐つとは天が伐つと言い、秩は天秩と言い、位は天位と言い、あらゆる権は天に基づ

---

[1] 佐藤慎一：《一八九〇年代的"民權"論—以張之洞和何啓的論爭為中心》，載許政雄著《清末民權思想的發展與岐異—以何啓、胡禮垣為例》附錄三，臺北，文史哲出版社 1992 年版，第 115 頁；謝放：《張之洞與戊戌政制改革—兼與康有為比較》，載苑書義等主編《張之洞與中國近代化》．中華書局 1999 年版，317 − 321 頁。

く」[1]、また「各人が思い思いのことをやるのは自主と言われている。自主の権は天から賦与され、君相（君主と宰相）も干渉することができないし、庶民も損なうことができない。庸愚は不足ではないが聖智も余りがあるわけではない。人間は悪いことをして法律に触れない限り、その権はかならず奪われる理由がない。自主の権が奪われることは殺されることと大差がない」[2]と述べた。民主は憲政の本質である。「民主」という語は舶来品ではなく、中国でも昔にすでにあった。最初は「民を治める者」という意味であった。例えば、『尚書・多方』において「乃惟成汤克以尔多方简代夏作民主」とあり、『左伝・襄公三十一年』において、「赵孟将死矣，其语偷，不似民主」[3]とある。それ以後、中国の封建開明君主によると、だんだん封建集権と対応する民本思想に発展していった。近代中国ブルジョア維新派は西洋の民主を紹介したころ、国体の角度から民主と民権の概念を区別し、「民権というものは、その国の君が依然としてその位を世襲することになるが、民主というものは、その国の君が民によって選挙して立てるもので、何年かを任期としている」[4]と言う。

　張之洞と何啓・胡礼桓の観点は鋭く対立しているように見えるが、双方の出発点はかなり一致している。両者はいずれも西洋先進国に対抗できるかどうかという視点から民権の優劣を判断する。張之洞は「蓋し国権でしか敵国に抵抗できないが、民権では断じて敵国に抵抗できない」という認識に基づいて、国家の主権を強化し、民権を否定すべきだと主張する。それに対して、

---

[1] 原文：權者，乃天之所爲，非人之所立也。天既賦人以性命，則必畀以顧此性命之權。天既備人以百物，則必與以保其身家之權。（中略）討曰天討，伐曰天伐，秩曰天秩，位曰天位，一切皆本之于天。然天不自爲也，以其權付之于天。何啓、胡禮桓：《新政真詮五編・勸學篇書後》. 見劉夢溪主編、汪榮祖編校《蕭公權卷》，河北教育出版社 1999 年版，683、684 頁。

[2] 原文：各行其是，是謂自主。自主之權，賦之于天，君相無所加，編氓亦無所損；庸愚非不足，聖智亦非有餘。人若非作惡犯科，則此權必無可奪之理。奪人自主之權者，比之殺戮其人相去一間. 何啓、胡禮桓：《新政真詮五編・勸學篇書後》. 見劉夢溪主編、汪榮祖編校《蕭公權卷》，河北教育出版社 1999 年版，683、684 頁。

[3] 辭海編輯委員會編：《辭海》（縮印本），上海辭書出版社 1980 年版。1804 頁。

[4] 何啓、胡禮桓：《勸學篇》，引自熊月之：《中国近代民主思想》，上海人民出版社 1986 年版，14 頁。

3. 逆輸入された「権利」

何啓・胡礼桓は「誰にも権があるならばその国は必ず盛んになるに違いない。誰にも権がなければその国は必ず衰えていくに違いない」という認識に基づいて、「それゆえ、国の急務はあらゆる人に自主の権があることを教えることである」と主張する。こうしてみると、中国における民権論争は前述の日本における天賦人権論争によく似ていることがわかる。実は両者の間に影響の関係があることが指摘されている。民権論争がおこるのは「権利」という語がかなりの範囲で注目を引いていることを示している。したがって、清朝政府側の『欽定憲法大綱』に「権利」が盛り込まれているのである。興味深いことに、論争の一翼である張之洞はその過程において大きな役割を果たしたのである。

3.4 『欽定憲法大綱』における「権利」

清朝政府は 1908 年に『大日本帝国憲法』を範として『欽定憲法大綱』を制定した。『欽定憲法大綱』は、「天皇」「臣民権利義務」「帝国議会」「国務大臣及枢密顧問」「司法」「会計」及び「補則」の 7 章から成る大日本帝国憲法とは異なり、14 箇条の「君上大権」と 9 箇条の「附臣民権利義務」の 2 つの部分から成る。したがって、『欽定憲法大綱』は、憲法典と言えるものではなく、憲法典を将来に編纂するために示された草案というべきものであった。

『欽定憲法大綱』は形式において近代立憲主義の不可欠な統治機構と権利章典から構成され、皇帝の権限が憲法の範囲内で制限されて絶対ではなくなり、わずかでも臣民に権利が付与された。これは画期的なことであった。この『欽定憲法大綱』は権利思潮の衝撃に対する反応として、時代の潮流に乗る姿勢を取らざるをえなかった。以下に『大日本帝国憲法』と『欽定憲法大

131

『綱』の類似した条項を挙げる。

	『大日本帝国憲法』[1]	『欽定憲法大綱』[2]
1	日本臣民ハ法律命令ノ定ムル所ノ資格ニ応シ均ク文武官ニ任セラレ及其ノ他ノ公務ニ就クコトヲ得。（第19条）	臣民中有合於法律，命令所定資格者，得為文武官吏及議員。（法律の定めた資格を有する臣民は、文武官及び議員に任命される）（附一）
2	日本臣民ハ法律ノ範圍内ニ於テ言論著作印行集會及結社ノ自由ヲ有ス。（第29条）	臣民於法律範圍以内，所有言論、著作、出版及集會結社等事，均准其自由。（臣民は法律の範囲内において言論、著作、出版及び集会、結社の自由を有する）（附二）
3	日本臣民ハ法律ニ依ルニ非スシテ逮捕監禁審問處罰ヲ。受クルコトナシ（第23条）	臣民非按照法律所定，不加以逮捕、監禁、處罰。（臣民は法律の定めるところに依らなければ、逮捕、監禁、処罰を受けない。）（附三）
4	日本臣民ハ法律ニ定メタル裁判官ノ裁判ヲ受クルノ權ヲ奪ハルヽコトナシ。（第24条）	臣民可以請法官審判其呈訴之案件。（臣民は、裁判官に対して訴訟事件につき裁判を求めることができる。）（附四） 臣民應專受法律所定審判衙門之審判。（臣民は、法律の定める裁判所において裁判を受けることができる。）（附五）
5	日本臣民ハ法律ニ定メタル場合ヲ除ク外其ノ許諾ナクシテ住所ニ侵入セラレ及捜索セラルヽコトナシ。（第25条） 日本臣民ハ其ノ所有權ヲ侵サルヽコトナシ。公益ノ爲必要ナル處分ハ法律ノ定ムル所ニ依ル。（第27条）	臣民之財産及居住，無故不加侵擾。（臣民の財産及び住居に対して、故なくこれを侵してはならない。）（附六）
6	日本臣民ハ法律ノ定ムル所ニ從ヒ納税ノ義務ヲ有ス。（第21条） 日本臣民ハ法律ノ定ムル所ニ從ヒ兵役ノ義務ヲ有ス。（第20条）	臣民按照法律所定，有納税、當兵之義務。（臣民は法律の定めるところに従い、納税と兵役の義務を有する。）（附七）
7	該当なし。	臣民現完之賦税，非經新定法律更改，悉仍照舊輸納。（臣民に課せられた税は、法律が改正されない限り、現行法に従い納めなければならない。）（附八）

---

[1] 議会政治社編輯部編：『日本憲政基礎史料』、議会政治社、1939年、23－34頁を参照のこと

[2] 韓大元著、鈴木敬夫・呉東鎬訳：『「欽定憲法大綱」に対する日本明治憲法の影響：「欽定憲法大綱」公布100周年を記念して』、札幌学院法学 ＝ Sapporo Gakuin law review, 27 (2) を参照のこと

8	該当なし。	臣民有遵守國家法律之義務。（臣民は国家の法律を遵守する義務を有する。）（附九）

　『欽定憲法大綱』は「附」という形式で「臣民」の権利と義務を規定したものの、憲法的文献において初めて社会構成員の権利と義務を規定したものであるだけに、一定の範囲と程度において、時代の歴史的特徴を反映している。一方、『欽定憲法大綱』は、明治憲法の規定した「臣民」の権利に関する内容を模倣はしているが、明治憲法の規定した住居および移転の自由（第22条）、通信の秘密の保障（第26条）、信教の自由（第28条）、請願権（第30条）などは規定していない。むしろ、「臣民に課された税は、法律が改正されない限り、現行法に従い納めなければならない」や「臣民は国家の法律を遵守する義務を有する」という明治憲法には存しない条文が盛り込まれている。「一般に、明治憲法における自由権規定は、その範囲が限定的であり、種類も少なく、しかも不完全であるとされる。ただ、比較から見られるように、『大綱』が規定した自由権は、その範囲と種類において明治憲法よりもさらに消極的であり、むしろ『大綱』が規定した義務は、明治憲法よりはるかに多い」[1]と考えられるが、価値判断からいえば、清廷の立法上の権利克減行為について、さまざまに解釈することができる。ここで、一つ見逃すことができない事実は、『欽定憲法』の制定過程にみられる明治憲法に対する清廷の若干の革新的創造には軽視できないものがあることである。

　もっとも、権利思想を受け取った時期の違いもあるだろう。日本が権利思想を受け取った時期は、明治維新を経て国家が上昇機運にあった時であり、個人権利の保障が社会の幸福をもたらすと楽天的に信じられた頃である。ところが、中国が近代の権利思想を受け取ったのは、西洋列強の浸透によって国家が衰えて半植民地になった時であり、楽天的に個人の利害と社会の利益が一致すると信ずること自体が難しい時期であった。しかし、受容時期の違

---

[1] 韓大元著、鈴木敬夫・呉東鎬訳：『「欽定憲法大綱」に対する日本明治憲法の影響：「欽定憲法大綱」公布100周年を記念して』、札幌学院法学 = Sapporo Gakuin law review, 27（2）。

いを考慮するにしても、やはり「権利」に対する評価の文化的差異は大きく、西洋近代思想や明治思想とのズレは、単に誤解に基づくというより、文化的差異に関わるところが大きく、それを考えるためにも明治思想との対比は欠かせない。

3.5 晩清期刊全文コーパスにおける「権利」の使用状況

1895 年まで、「権利」という語は中国ではまだ広がっていないが、1896 年ごろに出版された『各国交渉便法論』の後編に「権利」という語が使われ始めている。それは西洋書籍翻訳の重鎮たる江南製造局においてその語が受け入れられるようになったことを示している。それ以後、ほかの文献にも「権利」が続々と現れてきた。ロプシャイトの『英華字典』をもとにした F. キングセル増訂『新増華英字典』（1897 年）では、right という見出し語に「公道（社会一般に認められる、正しい道理)」、「公正」、「理所当然（当たり前)」のほかに「権利」という意味が加わっている。1895 年以後の「権利」の使用状況及び意味内容を究明するために、本稿では晩清期刊全文コーパス（南開大学コンパス内限定）を利用して分析してみようとする。コーパスで「権利」というキーワードを検索にかけると、次のような内容が出てくる。

番号	論説の題目	出自
1	英文報譯：法爭權利張坤德（譯）	《時務報》1896 年［第 3 期，15 頁］
2	譯編：權利宜爭	《工商學報（上海 1898)》1898 年［第 3 期，10-11 頁］
3	美洲近事：論美國東方權利宜力求助	《知新報》1898 年［第 52 期，17 頁］
4	法律：國家權利（譯最近世國際公法論）（日）角谷太三郎（譯）	《東亞報》1898 年［第 7 期，19 頁］
5	亞洲近事：英人論東方權利	《知新報》1898 年［第 58 期，12-13 頁］
6	歐洲近事：英俄議分中國權利	《知新報》1899 年［第 86 期，16 頁］
7	亞洲近事：德人力爭撒藏亞國權利	《知新報》1899 年［第 88 期，8-9 頁］
8	譯西報：德爭屬地權利：譯節用報（西六月）	《湖北商務報》1900 年［第 48 期，38 頁］

3. 逆輸入された「権利」

9	外國近事：美人新獲權利	《清議報》1901 年［第 84 期，5289 頁］
10	物競論（續）：第十章：國與國強權之競爭及其權利之進步	《譯書彙編》1901 年［第 8 期，99-120 頁］
11	政學文編卷五：政法片片錄：英人之嚴歲思想攻法子（著）	《政藝通報》1902 年［第 22 期，6 頁］
12	政法片片錄：日人之權利思想攻法子（著）	《譯書彙編》1902 年［第二卷第 9 期，117-118 頁］
13	政法片片錄：英人之權利思想攻法子	《譯書彙編》1902 年［第二卷第 9 期，117 頁］
14	外國時事：英俄競爭阿富汗之權利	《鷺江報》1902 年［第 20 期，14 頁］
15	新民說六：第八節、論權利思想	《新民叢報》1902 年［選編 _ 論說彙編，57-72 頁］
16	論美國人民權利	《萬國公報》1902 年［第 163 期，15-20 頁］
17	新民說六：第八節：論權利思想	《新民叢報》1902 年［第 6 期，18-32 頁］
18	外國時事：法國：欲攬權利	《鷺江報》1902 年［第 8 期，12 頁］
19	學術：權利	《大陸（上海 1902）》1902 年［第 2 期，5-11 頁］
20	政學文編卷五：政法片片錄：日人之權利思想攻法子（著）	《政藝通報》1902 年［第 22 期，6 頁］
21	紹介新著：權利競爭論	《新民叢報》1902 年［第 22 期，83-84 頁］
22	紹介新著第十九：權利競爭論：法國伊陵耶著，張肇桐譯	《新民叢報》1902 年［全編 _ 青年思潮第十八，27 頁］
23	學術：人格與權利	《大陸（上海 1902）》1902 年［第 2 期，1-3 頁］
24	論說：富人宜爭民族權利論（錄商務日報）	《選報》1902 年［第 20 期，7 頁］
25	論德人欲侵英國在華權利	《外交報》1903 年［第三卷第 27 期，27-28 頁］
26	權利侵奪論	《經濟叢報》1903 年［第 34 期，1-4 頁］
27	論英人在華所得鐵路權利	《外交報》1903 年［第三卷第 11 期，19 頁］
28	中國紀事：謀保權利	《大陸（上海 1902）》1903 年［第 5 期，10 頁］
29	外國十日大事記：德取聯英之權利	《鷺江報》1903 年［第 30 期，18 頁］
30	所聞錄：內監權利	《選報》1903 年［第 48 期，24 頁］

31	居留外國人權利義務論（續二十冊）：先是海倫奇露氏於千八百九十一年漢堡國際法協會……	《湖北學報》1903 年［第 1 卷第 21 期，72-81 頁］
32	學術：人格與權利	《大陸報》1903 年［第 2 期，1-11 頁］
33	中國紀事：俄人要索蒙古權利事	《大陸（上海 1902）》1903 年［第 7 期，7 頁］
34	中國十大事記：俄奪電報權利	《鷺江報》1903 年［第 31 期，15 頁］
35	中國紀事：謀保權利	《大陸報》1903 年［第 5 期，10 頁］
36	商部乙一：各國商業之盛衰：譯英京倫敦報論洋商在中國權利之損失	《經世文潮》1903 年［第 6 期，114-116 頁］
37	中國十大事記：俄得權利	《鷺江報》1903 年［第 38 期，xx 頁］
38	日本大儒福澤諭吉語錄：人生名譽之權利	《新民叢報》1903 年［彙編，1141-1142 頁］
39	社說：論中國當保全鐵路之權利林砥中	《鷺江報》1903 年［第 39 期，1-2 頁］
40	歐美譯聞：美國：商務權利	《萬國公報》1903 年［第 168 期，60 頁］
41	居雷外國人權利義務論	《湖北學報》1903 年［第 1 卷第 20 期，54-65 頁］
42	學術：說權利	《大陸（上海 1902）》1903 年［第 4 期，1-8 頁］
43	日本大儒福澤諭吉語錄：人生名譽之權利	《新民叢報》1903 年［第 38-39 期，188-190 頁］
44	恢復權利論翁筱印	《童子世界》1903 年［第 29 期，1-2 頁］
45	學術：說權利	《大陸報》1903 年［第 4 期，1-7 頁］
46	中國紀事：俄人要索蒙古權利事	《大陸報》1903 年［第 7 期，57 頁］
47	軍事：各國中立匯志：七月初八日柏靈電中立各國皆執定一意欲俄國辭去搜查開往遠東中立口岸諸船之權利……	《東方雜誌》1904 年［第 8 期，341-342 頁］
48	紹介新著：權利競爭論：法國伊陵耶著，張肇桐譯	《新民叢報》1904 年［彙編，877 頁］
49	社說：女魂篇（承前）：第四章：光復女子之權利自立	《女子世界（上海 1904）》1904 年［第 4 期，9-12 頁］
50	紀事（各省新聞）：權利屢失	《福建白話報》1904 年［第 1 卷第 1 期，33 頁］
51	局外中立國之權利義務	《外交報》1904 年［第四卷第 19 期，7-11 頁］
52	譯譚隨筆：為文明國屬民之權利	《萬國公報》1905 年［第 193 期，49-51 頁］

3. 逆輸入された「権利」

53	論各國在華所享權利	《外交報》1905 年［第五卷第 27 期, 9-10 頁］
54	世界譚片：辯護士有涕泣之權利乎	《大陸（上海 1902）》1905 年［第三卷第 1 期, 4 頁］
55	論戰時航海之權利義務	《外交報》1905 年［第五卷第 24 期, 8-24 頁］
56	上編：紀事：本國部：直隸：挽回權利	《廣益叢報》1905 年［第 64 期, 5, 1 頁］
57	來文：奉勸大家要曉得國民的權利和義務中國人	《安徽俗話報》1905 年［第 21/22 期, 1-4 頁］
58	函告：萬載縣縣約：各長之權利（第四節）、各長職權之停止（第五節）……	《江西官報》1905 年［第 30 期, 41-43 頁］
59	皇朝外交政史卷五（續）：要之據約駁正對外為權利……	《政藝通報》1906 年［第五卷第 19 期, 9 頁］
60	社說：論無權利心所受之損失乘光	《東方雜誌》1906 年［第三卷第 3 期, 41-44 頁］
61	續萬國公法論（又名民族之權利義務）	《東吳月報》1906 年［第 2 期, 26-28 頁］
62	上編政事門：紀聞：中國部：京師：鄭重權利	《廣益叢報》1906 年［第 122 期, 4-5 頁］
63	上編政事門：紀聞：中國部：東三省：吉黑紳士自保地方權利	《廣益叢報》1906 年［第 105 期, 1 頁］
64	社說：說權利	《東方雜誌》1906 年［第三卷第 4 期, 93-98 頁］
65	僑居瑞典外國人法律上之權利	《外交報》1906 年［第六卷第 33 期, 21-25 頁］
66	社說：論中國近日權利思想之發達勻土	《東方雜誌》1906 年［第三卷第 9 期, 181-185 頁］
67	社說：權利責任淺說君劍	《競業旬報》1906 年［第 7 期, 1-6 頁］
68	立憲綱要：述臣民之權利義務第七	《東方雜誌》1906 年［第三卷臨時增刊, 12-16 頁］
69	丙編科學叢錄：政治文編類一集：論國民權利之界限（選錄申報）	《北洋學報》1906 年［第 29 期, 17-19 頁］
70	中國大事：拒絕英法要求各種權利	《振華五日大事記》1907 年［第 18 期, 37 頁］
71	說權利崇實	《雲南》1907 年［第 8 期, 125-130 頁］
72	國外緊要新聞：威爾士邀准統帶防軍之權利	《大同報（上海）》1907 年［第八卷第 14 期, 28 頁］

73	新聞：中國新聞西報論華商甘讓權利	《農工商報》1907年［第13期，31-32頁
74	本省大事：汽機制磚亦侵害官廠權利耶	《振華五日大事記》1907年［第27期，39-40頁］
75	論國民權利思想之幼稚為立法之一大患劉志揚	《法政學交通社雜誌》1907年［第5期，33-37頁］
76	上編政事門：紀聞：中國部：京師：收回外人郵信權利之計畫	《廣益叢報》1907年［第155期，2頁］
77	國內緊要新聞：資政院議定議員之權利	《大同報（上海）》1907年［第八卷第14期，30頁］
78	中國大事：日人強佔權利之一斑	《振華五日大事記》1907年［第11期，39-40頁］
79	本省新聞：製造沙磚須無礙士敏土廠權利	《農工商報》1907年［第22期，21頁］
80	新談笑：挽回權利	《農工商報》1907年［第04期，29-30頁］
81	新聞：本省新聞：梧州商人要求權利之認可	《農工商報》1907年［第12期，23頁］
82	文藝：文苑談片：右論個人之權利初我	《女子世界（上海1904）》1907年［第二卷第4/5期，14頁］
83	中國大事：拒絕外人要求權利兩事	《振華五日大事記》1907年［第17期，34頁］
84	要聞：優訂開採金礦權利	《通問報：耶穌教家庭新聞》1907年［第241期，6頁］
85	國外緊要新聞：摩人無員警權利	《大同報（上海)》1907年［第八卷第5期，28頁］
86	第拾壹號大事編記（中曆丁未八月至九月上旬）：本省之部：滇督奏陳法人干涉興辦滇邊員警及礦產權利請外部與法使極力交涉……雪生	《雲南》1907年［第11期，165-168頁］
87	譯譚：人民自衛之權利	《萬國公報》1907年［第218期，83-85頁］
88	本省大事：法人乘機要索北海權利	《振華五日大事記》1907年［第14期，40頁］
89	國外緊要新聞：美日協定遠東權利	《大同報（上海)》1907年［第七卷第11期，26頁］
90	中國大事：徐世昌將以何項權利與人耶	《振華五日大事記》1907年［第43期，40頁］

3. 逆輸入された「権利」

91	中國大事：吾民果有權利思想矣	《振華五日大事記》1907 年［第 7 期，26 頁］
92	中國大事：日人得我權利何多	《振華五日大事記》1907 年［第 7 期，25 頁］
93	中國大事：請看外人笑我放棄權利	《振華五日大事記》1907 年［第 38 期，34-35 頁］
94	外交：中立國之權利義務	《東方雜誌》1907 年［第四卷第 12 期，122-125 頁］
95	國內緊要新聞：德使欲攬土人在華之權利	《大同報（上海）》1908 年［第九卷第 23 期，30-31 頁］
96	上編政事門：紀聞：中國部：東三省：鴨綠江森林之權利	《廣益叢報》1908 年［第 162 期，3 頁］
97	國外緊要新聞：東三省權利之問題	《大同報（上海）》1908 年［第九卷第 9 期，29 頁］
98	國外緊要新聞：德法爭取土民在華權利	《大同報（上海）》1908 年［第九卷第 24 期，29 頁］
99	國外緊要新聞：德婦可享男子權利	《大同報（上海）》1908 年［第十卷第 4 期，28 頁］
100	國外緊要新聞：俄使不以俄奪東三省權利為然	《大同報（上海）》1908 年［第九卷第 10 期，29 頁］
101	附臣民權利議務（其細目當于憲法起草時酌定）	《通學報》1908 年［第六卷第 3 期，80 頁］
102	法律學界：權利論	《學海：甲編．文科、法科、政治科、商業科》1908 年［第 1 卷第 03 期，20-31 頁］
103	上編政事門：紀聞：外國部：德國：交換權利之外交政策	《廣益叢報》1908 年［第 164 期，9 頁］
104	法律學界：權利論	《學海：甲編．文科、法科、政治科、商業科》1908 年［第 1 卷第 02 期，22-32 頁］
105	新聞：外國新聞：公民權利（錄輿論報）	《四川官報》1908 年［第 31 期，63 頁］
106	要聞：山西收回礦務權利	《通問報：耶穌教家庭新聞》1908 年［第 296 期，6 頁］
107	國外緊要新聞：俄國獨領哈爾濱鐵路權利	《大同報（上海）》1909 年［第十二卷第 16 期，29 頁］
108	論美國加利福尼亞州外國人之權利	《外交報》1909 年［第九卷第 4 期，11-16 頁］
109	上編政事門：紀聞：中國部：京師：國權利權損失盡矣	《廣益叢報》1909 年［第 211 期，3 頁］

110	內外紀聞：商部注意外人製造之權利	《華商聯合報》1909 年［第 12 期，34 頁］
111	十日大事記：二十九日：外務部與日本締結東三省各約章權利奉	《安徽白話報》1909 年［第 3 期，46 頁］
112	海內外比較雜誌：中國國民對於中國之權利各國國民對於各國之權利與中國國民對於各國之權利各國國民對於中國之權利之比較	《華商聯合報》1909 年［第 19 期，147-148 頁］
113	論說：市町村住民之權利義務（未）駱鴻年（譯）	《廣東地方自治研究錄》1909 年［第 13 期，7-11 頁］
114	普魯士國會事例兩院規程議員權利議員資格	《北洋法政學報》1909 年［第 123 期，1-19 頁］
115	五日大事記：河南修武縣商民擬自營礦務以期挽回權利外部……太阿	《莊諧雜誌》1909 年［第一卷第 7 期，封 4 頁］
116	上編政事門：粹論：論權利義務	《廣益叢報》1909 年［第 214 期，3 頁］
117	報告：議定鐵路股東應享權利章程	《廣東勸業報》1909 年［第 75 期，46 頁］
118	新聞：京外新聞：保障權利（錄晉陽公報）	《四川官報》1909 年［第 19 期，61 頁］
119	記事：記直隸紳民力攻李德順喪失權利事	《東方雜誌》1909 年［第六卷第 7 期，179-185 頁］
120	中國近事：爭回權利	《紹興白話報》1909 年［第 116 期，3 頁］
121	新民說二：第八節：論權利思想	《新民叢報》1909 年［彙編 1 第 2 期，1-21 頁］
122	本省紀事：議員無參與之權利	《蜀報》1910 年［第 1 卷第 6 期，70 頁］
123	論說：論國民之義務與權利（英）莫安仁	《大同報（上海）》1910 年［第十四卷第 15 期，1-7 頁］
124	內編：俄國注意恰克圖之權利（節錄）	《地學雜誌》1910 年［第一卷第 7 期，7-8 頁］
125	國外緊要新聞：日政府研究韓人之權利及資格	《大同報（上海）》1910 年［第十四卷第 5 期，27 頁］
126	海內外時事社言：為條陳絲業改良收回權利上農工商部書	《華商聯合會報》1910 年［第 6 期，37-45 頁］
127	摺奏：陸戰時中立國及其人民人權利義務條約（未完）	《協和報》1911 年［第 39 期，15 頁］
128	法國香檳酒產地騷擾事件：香檳區婦女要求平等權利	《東方雜誌》1911 年［第 03 期，43 頁］
129	摺奏：海戰時中立國之權利義務條約（續）	《協和報》1911 年［第 40 期，14-15 頁］
130	文牘二：本署司袁批嵊縣王秉權稟權利被侵請飭救濟由	《浙江教育官報》1911 年［第 75 期］

3. 逆輸入された「権利」

　概観してみると、国家権利という意味を表す用例が依然として優勢を占めているが、個人の自主性や実力に基づく権利の闘争や人格などの道徳側面を表している権利が次から次へと現れている。そういう変化を探求するために、本稿は代表的例文を選んで、（イ）（ロ）（ハ）（ニ）という四つのパターンにわけて、「権利」の意味構造を分析してみる。

　　（イ）権利と自主性

出自	例文	意味
論美國人民權利《萬國公報》1902年［第163期,15-20頁］	人民權利，在乎自主自由，其說發達於泰西，而中國之論者，往往易於誤會，餘近譯美國治法要略一書，頗及其義，冀以正當世之傳詭，破流俗之疑忌。蓋萬國之中，其人民之經釋放而能自主自由，得應有之權利，以立民治之政體者，無如美國。	人民の権利が自主自由にあることで自主性を表す
日本大儒福澤諭吉語錄：人生名譽之權利	自由者在於不自由之間，凡人皆有自由自主之權，上自王公貴人，富家大室，下至匹夫匹婦，皂隸輿台，雖有智愚強弱之別，而其名譽、生命私有制權利則一。	誰にも自主自由の権があることである
科學叢錄：政治文編類第一集：論國民權利之界限第17頁	則權利雲者，謂法律干人之自由，定行動之限界也，人於被與之自由範圍內而為行動者，即為權利。	権利は法律に定められた行動の限界や自由である。
法律學界：權利論第3頁	以意思為權利之要素，是點，無論何人，有所不能爭也。法律以人類為權利主體主義者，以其有意思也，故於意思有所不足者（如瘋癲幼者）設代理其意思之制度，又於無意思者，認其為權利主體時（如法人義）以意思機關為必要焉，是即不由意思，不得做權利之觀念也。	意思が権利の要素である。
人格與權利	觀于世人開明之人種，各尊重其權利，其所行之法，在保己所固有，而不侵及他人。	開化の人種はそれぞれの権利を尊重する
居雷外國人權利義務論	國家當尊重個人自主之權也，凡人離鄉去國，以有形或無形全自己之目的，而信為自便者，則其欲適彼樂土也，不可不認許其去就之自主，移住之權利，實自個人自主之原則。	国家は個人の自主の権を尊重する。
譯譚：人民自衛之權利	吾聞立憲國人民皆有自衛之權利，不受非法之逮捕，況殺戮乎？今如中國之現象，則人人寒心，謂執權者視人命如草菅，而懼偵探與誣告，一日之至，而吾遂無以自保也，是為專制乎？是為立憲乎？	立憲国の人民にはみな自衛の権利がある。

141

出自	例文	意味
梧州商人要求権利之認可	梧州商人要求權利之認可要省關卡自改用新銅尺量貨，商家已大受其困，遞複加征米釐，每米萬斤，加抽十兩，商困益甚，故自二十日起，各商停辦止運，群情洶洶，當經鹽法道及梧州府蒼梧縣各憲，傳集各商開道，旋由梧商要求四款……	商人は権利の認可駁を求める。
譯譯：為文明國	若法屬之安南等處，則自主之權利較寬，因法為民主國故耳，如安南辦事官九人，內本地人四，殖民地會員十六人，內六人為地方鄉紳之代表，各處亦有本地人之權利，然法國頗執其上權，凡有律令，皆法國人所據也。	ベトナムの自主の権利である。

「権利」は自主性、とくに個人の自主性を表し、国際法の分野に限られていない。個人の自主性という意味の使い方が急増してきた。「人得自主」や「我分所当然」などの訳語が死語になった。「権利」がある程度で自由の同義語として使われるようになった。そうした意味で西洋のテキストにおける right の意味に近づいている。その背景に天賦人権説の影響が窺える。上述の民権論争がその一端を示している。

（ロ）個人の権利と国家の権利

出自	例文	意味
英文報譯：法爭權利張坤德（譯）《時務報》1896 年［第 3 期，15 頁］	法國之意，以英國在揚子江一帶權利，應截至宜昌以西為止，所有最稱富饒之四川省，實為法國之勢所能及。	イギリスの国家権利
法律：國家權利（譯最近世國際公法論）（日）角谷太三郎（譯）《東亞報》1898 年［第 7 期，19 頁］	犯甲國法律者，去逃乙國，自自公法通理觀之，乙國主權普及其版圖，故甲國求交附其犯人，乙國無應之之義務，何者？其犯人既入乙國版圖，則有受乙國主權保護之權利，甲國不得複關涉其犯人。	主権の保護を受ける権利
政學文編卷五：政法片片錄：日人之權利思想攻法子（著）《政藝通報》1902 年［第 22 期，6 頁］	歐人論亞洲人之缺點，謂亞洲人不知權利之為何物，此語雖過酷而亞洲人之放棄權利亦實有可驚者，個人細事姑不必論，參政權為國民分內之事而置之不爭，主權與領土為立國之要素而任人分割攘取，太阿倒持，恬不為怪。	アジア人は国家権利の保護などや参政権を知らない。

142

3. 逆輸入された「権利」

學術：權利《大陸（上海 1902）》1902 年 [第 2 期, 6 頁]	有國家焉，出而創造權利，以保護個人之生活，各人於一定之範圍內，得以達其目的，初非他人所得而侵之者也。	国家あって権利をつくる。
中國大事：吾民果有權利思想矣 26 頁	愚民無識，不知礦產之權利而競與外人私約開採，宜乎禁止矣。但私利所在，徒禁之恐不能也。必喻之以國權之關係，利害之存亡。令一般人民有所警覺，庶幾爭之不暇，何有於私賣。	愚民が私利をはかるため外国人と結託して鉱産物を採掘する。
社說：論中國近日權利思想之發達	向之痛恨政府，辱罵政府，齦齦然與政府爭一身之權利，一群之權利，日思議推翻政府為事者，今則幡然改圖，毅然變計，萬眾一心，萬心一力，或為政府之前驅，或為政府之後援，曆指列強攫取之陰謀，詳陳吾人抵制之辦法，與外人爭全國之權利，皇皇然如恐不及，一身一群，視之蓋渺乎小矣，偉矣哉，思想之大，神矣哉，發達之速有如此者。	政府と個人の権利、団体の権利を争う。
說權利崇實第 1 頁	今日非竭力保守權利，必不能立國於地球上，非使中國人人都有保守權利的能力，必不能救中國之危亡。這是甚麼緣故呢？權利與人生死相關，權力在手，則生；不在手，則死。到了生死關頭，才知道天地間再沒有比權利大了的。	権利を守らないと、世界に足場がない。
論說：論國民之義務與權力	蓋國民皆有分子之責，國有義務，民當分人之，國有權利，民尤當共用之。凡國之事即已之事，保護其國者惟己，發達其國者亦惟己。	国に権利があると、民衆はいっしょに使うべきである。

個人の権利は国家の権利と矛盾したものではなくなっている。かえって、個人の自主性が国家の独立の保障だと考えられている。多くの思想家にしてみると、個人の自立がないと、国家は独立の力もなくなる。それはやはり国家の独立の角度から個人の自主性の重要性を論じていた。そのため、個人の自主性は価値合理性ではなく、道具的合理性を持っている。個人の権利は依然として国家の権利の副次的なものである。

（二）権利と道徳

出自	例文	意味
社説：権利責任淺說第6頁	吾更有一言敬告今日之社會曰：中國人不知權利，可恥！中國人不知責任，亦可恥！中國人知享權利而不知盡責任，可恥！知有責任而不知有權利，更可恥！吾願今日之社會仔細認明這權利責任的界限，以養成能自治能守法的國民，以洗去這許多的可恥。	権利を知らないのは恥ずかしい。
科學叢錄：政治文編類第一集：論國民權利之界限第17頁	吾不遑言對外，而第觀今日社會之狀態，恐文明國民以權利思想完其人格者，吾人轉以不得權利之真解，而擾擾未已。	権利思想をもってその人格を完全なものにする。
論國民權利思想之幼稚為立法之一大患	夫人各有天賦自主之權，以之全其身命，以之保其家室，以之成其社會上完全之人格。	自主の権をもって社会上の完全な人格を作る。

　　権利は儒家の伝統的道徳と対立する新しい道徳として唱えられている。権利は法律上の意味を持っているだけでなく、倫理上の意味も強調されて、人格の完全と結びついていた。しかし、権利であろうと、競争であろうと、結局、国家主義の道徳に従属するものである。「権利」は単に自らが主体的に処理するという一般的意味から離れ、法治、国家や個人の独立、自然権や封建的なものへの批判などの方向で論じられた。日清戦争以降、亡国の危機感が政治のあり方を意識させると、中国人に必要なエートスとしても理解された。

　　（ハ）権利と競争

出自	例文	意味
物競論（續）：第十章：國與國強權之競爭及其權利之進步《譯書彙編》1901年[第8期, 102頁]	故各國以權力相同之故，遂互相衝突，互相平均，卒互相認許，而變其權力為權利，此其理與治人者被治者之競爭及貴族平民之競爭，初無少異，然則萬國公法之起亦由強權之競爭而出，蓋亦兩強相峙，不得已而互認為權利者也。	権利が競争から生まれる。

144

3. 逆輸入された「権利」

政學文編卷五：政法片片錄：英人之權利思想攻法子（著）《政藝通報》1902 年［第 22 期，6 頁］	今日之世界，一權利競爭之世界也，故其國民權利思想愈發達者，則國愈強，反是者，則必為人所制而陷於危亡。	今日の世界は権利競争の世界である。
社說：論無權利心所受之損失乘光第 44 頁	故今日而複委心任運，不事爭存則亦已，若其有志於爭存，是必植心權利，通過上下，舉以恢復先績為祈向，則激勵所驅，將成風會，或有彈壓四荒，揮斥八極之人，應運以出乎。	生存権を目指して権利に工夫を凝らす。
論國民權利思想之幼稚	處今日生存競爭之世，就權利問題言之，吾以謙遜為放棄，競爭為防衛。	権利の問題について言うと、謙遜が放棄に等しく、競争が防衛に等しい。
海外比較雜誌：中國國民對於	今日之天下，乃一權利之天下也。惟其為權利之天下，故天下之國國，天下之民民，莫不各爭起權利。	天下の人民はその権利を争わないものがない。
恢復權利論	吾民猶不思恢復其權利耶，抑不知權利喪失之可患耶，使其未知也，請觀印度，知而猶然，則飲鴆以自耽，而臥積薪上也，吾為之痛哭流涕而無可如何也	権利を回復する。
社說女魂篇光復女子之權利	且權利雲者，非如器物之棄置一處，不欲得之則已，如欲得之，則固可予取予求也，我棄寸，則人進寸，我棄尺，則人進尺，剝削此尺寸，不啻反掌，恢復此尺寸，或且以可驚可愕之精力，最苦最痛之汗血，僅僅能得之，僅僅能守之。	権利というものは一寸を棄てると、人に一寸を奪われるようになる。

　多くの用例は社会進化論の視点から権利の競争を訴えている。自由競争が資本主義の本質であり、中国を凌ぐことができる西洋の成功の秘訣でもあるとされる。西洋をモデルとして強国になるために、自由競争が大いに唱えられている。また、そのころの中国人にとって、国際関係における弱肉強食の現実は社会進化論への共感を呼んだ。それゆえ、権利の競争も国家危亡の問題を解決できる妙策だと見なされている。

　甲午中日戦争（日清戦争）の失敗は中国の国家危機をさらに深めた。知識人ないし民衆は中国の危急を救うために思想の面にも実践の面にも救国の道を急いだ。国家権利を守ることが当面の急務になったため、権利の使用頻度が急に増えた。但し、このころの権利はやはり国家の権利に傾いていて、ま

145

だ個人の権利に及んでいない。

　甲午中日戦争（日清戦争）以後、変法の思潮が起こり、中国の知識人が政治制度の改革や団結救国を唱え始めた。戊戌変法の失敗や庚子事変の勃発は中国の社会に大きな衝撃を与えた。民衆の意識も覚醒の兆しを見せた。梁啓超の新民説が指摘したように、個人の観念の更新が国家の決起につながる。そして、権利を追求することは新民の新しい道徳であるだけでなく、中国を強くする重要な手段だと見られる。そして、1901 年に、清朝政府は変法の詔書を発布した。その詔書の内容から見ると、清朝政府は西洋の政治制度を学ばなければならないことを痛感した。それゆえ、政府であろうと、民間であろうと、西洋を学ぶことが共通の認識になった。1908 年に『欽定憲法大綱』が制定された。中国は伝統的帝国から近代民族国家へと歩んでいく。西洋の観念が中国社会に入り込んできた。権利の意味は国家権利からさらに個人権利へと転換し始めた。1900 年から 1911 年までに、権利がよく使われる政治用語となった。権利には合法的権力と利益のほかに自主性という意味が加わった。

　中国語における「権」と「利」からなる「権利」という語は宋明理学の観念において「当然」や「正当」の内包が含まれていない。そこで個人の自主性が正当であるということを表す「権利」という語は 1894 年までにあまり知識人に使われていない。「権利」は甲午中日戦争（日清戦争）前後からたびたび中国知識人の言論や著作に現れ始めた。つまり、「自主性」が中国知識人の目に入るのは中国の主権が侵害された現実と切っても切れない関連を持っている。国家の政治権威（力）や経済利益などが侵害されている現状を目の前にして国家の「自主性」が差し迫っているのを身にしみて感じており、国家の独立自主の願望から「権利」という語を使い始めたのである。1900 年の庚子事変後、「権利」は国家の独立自主という意味からさらに個人の自主という意味に及んで、個人の自主も正当であるという理念を生じさせた。この語の変遷は中国伝統文化がいかにして西洋思潮に立ち向かって、選択したり、理解したり、変更させたりする過程を経て、中国の民権思想や立憲政体を構築するかを反映している。

4. おわりに

（一）原語との意味のズレ

rightの意味には「権利」の他に、「正義、公正、道理、正しい行為」など
がある。正当性が含まれているのは疑いを容れない。つまり、rightが利益
と関係しているとしても、それは、権利概念自体に内在している正義といっ
た理念による内在的制約を受けた利益である。同じ時代の訳語と比べてみる
と、「権利」は利益と資格と二つの要素しか持っていないが、丁氏は「権利」
をrightに当てた場合に、rightの正当性を意識しないわけではなかったが、
やむをえず「権利」という語を選んだ。その結果、rightを構成する「利益」
「正当性」「自主性」「資格（能力・力・パワー）」の４要素のうち、「正当性」
を表す文字がなく、「力」と「利益」という"最悪の"組み合わせになってい
るように見える。法令の公用語として用いられた「権利」は「正当性」とい
う観念が脱落し、かわって力とか利益とかがその中心観念としてすえられ
た。「権利」が「力」を中心観念とするようになったのは自然法と実定法の対
立とも関連を持っている。それは日本や中国における権利概念の変遷に反映
された。

日本ではrightは幕末から明治にかけてさまざまな訳語を当てられてきた
が、結局福沢諭吉らの用いた「通義」・「権理」と、西周らの「権利」に代表
される。福沢諭吉らはrightの天賦性およびそれに伴う道徳的な要素を強調
し、西らはその権力的な実現に着目したと言える。そこにも自由主義と権力
主義の分岐が見い出される。そうした流れを汲んで人権新説論争が起こっ
た。その論争を通じて、自然法思想に基づく天賦人権説より、法実証主義（実
定法）に基づく法律上の権利がだんだん優位を占めるようになっていった。
大日本帝国憲法における権利解釈は自然法的権利思想（≒天賦人権論）を排
除した地点に形成された。そうした論争も中国の民権論争に受け継がれて
いった。そこで、権利法力説が最も有力な説になる。加うるに社会進化論の

147

影響も拍車をかける。多くの知識人は社会進化論の影響を受けて、進化論の角度から競争の正当性を論証し、国家権利であろうと、個人権利であろうと、競争によってはじめて生まれると指摘した。そこで、権利競争は力関係に帰着させられた。上述のような思想受容と変容があるからこそ、翻訳語は原語である外国語の原義を忠実にそのまま写し取ることはできない。両者はお互いに対照しながら重なりあう概念の範囲で選択を行なう。その概念の内包する意味のうち、どれを訳し出すかどれを捨てさるかは翻訳者の思想やセンスによるだけでなく、時代の風潮や思想家の観念と切っても切れない関係にある。

（二）伝統的語感との絡み合い

「権利」という漢語が中国では right の訳語としてなかなか受け容れられにくかった文化的背景を知るために、「権利」をめぐる伝統的理解を考察する必要がある。権の運用は道に適うかどうかによって王権と覇権に分けられていた。王権は自明のものとして犯したり、争ったりすることができない。それに対して「大抵覇者は権謀を尚びて功利を要む。此れ聖人の民を教ふると同じからず」と言うように、覇権などの権は認められていない。一方、利の是認はあくまでも道徳的完成のためであって、個人の利としては許されていない。利得を「末利」と見なし道徳と対立させて、理念的には自利を認めず、むしろ逆に批判してきた。以上の二点から、権利概念をすんなりと理解して肯定できるはずもなかった。つまり、「権利」に対する伝統的理解は近代語「権利」の受容を妨げたものであるといえよう。

right（「権利」）と power（「権力」）とは本来、緊張関係にあるにもかかわらず、「権」の一字を共有しているということである。つまり、この「権」の語は right と power の両方の訳語であったことからすれば、両者の区別と連関を説く論理が曖昧になるおそれがある。天賦人権を唱えた日本や中国の民権思想家も権力性の一面を免れない。民権という言葉は君権あるいは国権の相対語として使われると権力の意味がつきまとう。

厳複にしてみれば、自由民主の正当性は「権利」で表すことができない。というのは権利の裏に権勢が後押しをするだけでなく、権謀を引き起こすおそれがあるからである。特に民権というものはあらゆる人の「人欲」のかたまりで、ありとあらゆる罪悪がその中から生まれたと思われる。

日本において right の訳語が「権利」（「権」）という語に定着するまでにはさまざまな紆余曲折があった。特に福沢諭吉は「権理」、「通義」などの訳語を考案しながらも、それらの語では right の意味を十全に表現し尽くせないと感じていた。最終的には「権利」（「権」）に落ち着いたのであるが、当時、明治思想家は「権利」（「権」）という語が西洋語の翻訳であって、従来の「権利」という語の意味に還元できない意味がそこにこめられているという事を間違いなく自覚していた。それに対して清末の中国知識人の言説には、「権」という語に従来の思想的資源に包摂されない新しい意味がありうるという認識が希薄だと言える。彼等が「権」という語や「人人有自主之権」という命題を語るとき、それは、従来の「権」という語が形成する磁場の圏内に収まっていないとは言いがたい。

（三）中日同形語としての差異

中国では、「権利」が「権力」と混同される可能性はもっと高い。言語形式の面から見ると、「権利」と「権力」が同音語である。もともと古典中国語において、「利」と「力」の発音が違い、前者は lih であり、後者は lik であるが、現代中国語においては、両者が同音語になった。中国のコンテキストにおいて、伝統的権力構造には権力と権利が未分化のまま入りこんでいる。集団意識の影響のせいか「民権」という言い方はある程度君権と対立する位置に立たされている。個人権利の保障は民衆という集団が君主から権力を分割してもらう意志と混同されている。それゆえ、right に含まれている power の意味がクローズアップされるはめになった。

日本の天賦人権論争において国民の順法精神が強調されていた。福沢諭吉も市場に混乱をもたらさないための「規則」の重要性を力説していた。「権

利」は『大日本帝国憲法』の枠内におさめることになった。それに対して近代初期の中国知識人はこの順法精神にはほとんど言及しておらず、むしろ個人の内在的道徳性を向上させることにより主体的自覚を促すことに重点が置かれていた。その上、『欽定憲法大綱』は『大日本帝国憲法』をモデルとして制定されたが、施行されないうちに清朝の滅亡を迎えた。

　清末の中国では、「権利」はあくまでその語の「伝統的」な用法と絡み合った。つまり「利」「益」「力」などと親和的な概念でありつづけているのである。梁啓超を代表とする中国の啓蒙思想家は「民権」論の先鋭的な主唱者ではあっても「人権」論者ではなかったのである。近代世界に巻き込まれた中国の知識人にとって、儒教的倫理規範が望ましい変化にとっての桎梏として認識された時、彼らは儒学の規範的言明に対して判断を保留し、中国の救亡図存をとりあえずの究極目的とすることを意識的あるいは無意識的に選び取ることとなった。それゆえ、「権利」は儒教的倫理規範を脱出したとはいえ、近代の法体系など新しい規範的意味を獲得するに至っていない。

参考文献

日本語資料：

1. 石田雄：『日本近代思想史における法と政治』、岩波書店、1976 年
2. 井上勝生「万国公法」、田中彰編『日本近代思想大系 1　開国』岩波書店、1991 年
3. 岩谷十郎：「法文化の翻訳者ーことばと法と福沢諭吉」『福沢諭吉年鑑』30 号、2003 年
4. 大庭健等：『現代倫理学辞典』、弘文堂、2006 年
5. 大槻文彦：箕作麟祥君傳、丸善、1907 年
6. 尾川昌法：「坂本龍馬と『万国公法』-「人権」の誕生（5）-」、『人権 21 調査と研究』166、2003 年
7. 大久保利謙：『明治啓蒙思想集』（『明治文学全集 3』）、筑摩書房
8. 堅田剛：『独逸法学の受容過程』、御茶の水書房、2010 年、10 頁
9. 加藤弘之：『立憲政体略』、谷山楼、1868 年
10. 川尻文彦：「『万国公法』の運命：『近代における日中間の「思想連関」の観点から』、愛知県立大学外国語学部紀要．言語・文学編（49）、146 頁、2017 年
11. 韓大元著、鈴木敬夫・呉東鎬訳：『「欽定憲法大綱」に対する日本明治憲法の影響：「欽定憲法大綱」公布 100 周年を記念して』、札幌学院法学 =Sapporo Gakuin Law Review, 27（2）
12. 議会政治社編輯部編：『日本憲政基礎史料』、議会政治社、1939 年
13. 薗部千鶴：「「権義」小考」『日本文學』50 号、1978-09-30
14. 洪濤：『清末留日学生―江蘇省を中心に―』、花園大学文学部研究紀要第 48 号、2016 年 3 月
15. 小林武・佐藤豊：『清末功利思想と日本』、研文出版、2011 年
16. 佐藤太久磨『「社会進化論」と「社会民主主義論」の間―――加藤弘之と

151

吉野作造———』、立命館大学人文科学研究所紀要（96 号）

17. 佐久間正：「職分論」『日本思想史辞典』（子安宣邦監修・桂島宣弘）、ぺりかん社、2001 年

18. 佐藤亨著：『幕末・明治初期語彙の研究』、桜楓社、昭和 61 年 2 月

19. ジョナサン・スペンス『中国を変えた西洋人顧問』講談社、1975 年

20. 周圓：『丁韙良の生涯と「万国公法」漢訳の史的背景』、一橋法学 , 9（3）

21. 鈴木修次：『日本漢語と中国―漢字文化圏の近代化―』、中公新書、1981 年

22. 末川博：『法學辭典（改訂増補版）』、東京：日本評論社、1978 年

23. 孫建軍：「『義務』――日本語から中国語へ」、孔子学院中日文版 2014 年第 3 期（総第 24 期）

24. 陳生保［述］：『中国語の中の日本語』、（日文研フォーラム / 国際日本文化研究センター編，第 91 回）

25. 陳力衛：『和製漢語の形成とその展開』、汲古書院、2001 年

26. 土屋英雄：『梁啓超の「西洋」摂取と権利・自由論』、狭間直樹『共同研究　啓超――西洋近代思想受容と明治日本――』、みすず書房、1999 年

27. 出原正雄：「明治初期における『権利』観念について」、『近代社会における人権問題の研究〈特集〉』、1982 年 1 月

28. 田頭慎一郎『加藤弘之と明治国家――ある「官僚学者」の生涯と思想――』

29. 樋口陽一：『国法学　補訂版――一人権言論』、有斐閣、2007 年、103 頁

30. 馬場辰猪、『天賦人権論』、明治文化研究會

31. 班偉：清末における「権利」観念の受容―梁啓超の権利論を中心に―

32. 班婷：『中国の国語科近代化過程における日本の影響―清末民国前期を中心に―』（学位論文要約）

33. フィッセリング著：『泰西国法論』巻 2、津田真道訳、三木佐助

34. 畢洒林著、西周訳：『万国公法』（慶応 4 年）

35. 福沢諭吉：『吉西洋事情』2 編、巻之 1、慶応義塾出版局、明治 6 年

36. 福沢諭吉：『学問のすすめ　二編』（福沢諭吉全集）、時事新報社、明治 31

年

37. ホッブズ著、水田洋訳：『リヴァイアサン』、岩波書店、1992 年

38. 前田正治：『「権理」と「権利」覚え書『飛沢謙一教授退任記念論集、法と政治』、関西学院大学法政学会編、1975-03

39. 増田渉「日中文化関係史の一面」、『西学東漸と中国事情』、岩波書店、1979 年

40. 溝口雄三等：『中国思想文化事典』、東京大学出版会、2001 年、106 頁

41. 柳父章：『翻訳とはなにか　日本語と翻訳文化』、法政大学出版社、2001 年

42. 柳父章：『翻訳語成立事情』、岩波新書、1982 年

43. 湯浅，邦弘：漢代思想（儒教国教化と『塩鉄論』）研究史、中国研究集刊 2、1985 年 6 月

44. 『漢籍国字解全書』、早稲田大学出版部、1907 － 1917 年

中国語資料：

1. 中国大百科全书、法学、中国大百科全书出版社、1984 年第 1 版

2. 米恩：人的權利与多样性、1995 年第 1 版、第 5 頁

3. 梅因：古代法、商务印书馆、1959 年第 1 版

4. 庞德：通过法律的社会控制、沈宗灵、董世忠译、商务印书馆 1984 年版

5. 赵纪彬：《困知二录》、中华书局、1991 年

6. 何璇：《"權字"的起源及演变》（修士論文、CNKI）を参照のこと

7. 丁韙良著、沈弘等譯：《漢學菁華》、世界圖書出版社、2010 年

8. 李貴連：《話說"權利"》（《北大法律評論》（第 1 卷第 1 輯）、北京大學出版社、1998 年

9. 王健：《溝通兩個世界的法律意義 ––– 晚清西方法的輸入語法律新詞初探》、中國政法大學出版社、2001 年

10. 魏源撰：《四庫家藏 海國圖志 3》、濟南：山東畫報出版社，2004.01

11. ［挪威］魯納：中國政治話語中的"權力"與"權利"、［德］郎宓榭、阿梅

龍、顧有信編：《新詞語新概念：西學譯介與晚清漢語詞語之變遷》、趙興勝等譯、山東畫報出版社 2012 年版

12. 畢利幹口譯、時雨化筆述：《法國律例・民律》、同文館刻本、1880 年。

13. 畢利幹編撰：《漢法合璧字典》、北京排印本、1891 年

14. 俞江：《近代中國民法學中的私權理論》、北京：北京大學出版社，2003 年

15. 林樂知、範褘：《新名詞之辯惑》、載李天綱編《萬國公法文選》、生活・讀書・新知三聯書店、1998 年

16. 費利摩羅巴德著、傅蘭雅譯：《各國交涉公法論》初集卷 1、上海小倉山房版、1896 年

17. 慕維廉：『英國志』http://www.wul.waseda.ac.jp/kotenseki/html/ri09/ri09_03330/index.html

18. 張佛泉：《自由與人權》、臺北：臺灣商務印書館、1993 年

19. （美）吳爾璽原著：《公法便覽》卷一、丁韙良等譯同文館版、1877 年

20. 王健；《中國近代的法律教育》(博士論文)、中國政法大學出版社 1999 年

21. 汪觀藻、鳳儀、左秉隆、德明譯、丁韙良鑒定：《同文館題名錄》光緒 5 年（1879）刊

22. 王韜：《除額外權利》、韜園文錄外編、北京：中華書局、1959.10

23. 黃遵憲：《日本國志・刑法志序》、浙江書局刊

24. 严复：《與梁啟超書三》、王枝主編《嚴複集》第 3 冊

25. 鄭匡民：《梁启超启蒙思想的东学背景》、上海书店出版社、2003 年 10 月

26. 佐藤慎一：《一八九。年代的"民權"論—以張之洞和何啟的論爭為中心》、載許政雄著《清末民權思想的發展與歧異—以何啟、胡禮垣為例》附錄三、臺北、文史哲出版社 1992 年版

27. 謝放：《張之洞與戊戌政制改革—兼與康有為比較》、載苑書義等主編《張之洞與中國近代化》. 中華書局 1999 年版

28. 何啟、胡禮桓：《新政真詮五編・勸學篇書後》. 見劉夢溪主編、汪榮祖編校《蕭公權卷》、河北教育出版社 1999 年版、683、684 頁。

29. 辭海編輯委員會編：《辭海》(縮印本)、上海辭書出版社 1980 年版、1804

頁。

30. 何啟、胡禮桓：《勸學篇》，引自熊月之：《中國近代民主思想》、上海人民
    出版社 1986 年版

31. 伊耶陵著、張肇桐译：《權力竞争论》、文明編译出版社 1902 年 11 月版

32. 張枬、王忍之：《辛亥革命前十年間時論選集》卷 1、三联书店 1960 年第 1
    版、128 頁

33. 林乐知：《论日本文》后的"本馆跋"，载朱维铮编《万国公法文选》，生
    活·读书·新知三联书店，1998 年，667-669 頁

34. 楊玉榮著，中國近代倫理學核心術語的生成研究，武漢大學出版社、2013.09

35. 王國維：《論新學語之輸入》、見《王國維論學集》、中國社會科學出版社
    1997 年 6 月版

36. 郑玉波：《民法总则》第 11 版、台北：三民书局、1979 年

37. 郭道晖：《论法定權利與權利立法》、《法制现代化研究》1995 年第 00 期

38. 梅仲协：《民法要义》，中国政法大学出版社，1998 年版

39. 许晓光：《论明治前期日本的近代權利观》、四川大学学报（哲学社会科学
    版）2007 年第 2 期

40. 杨焯：《丁译《万国公法》研究》、法律出版社、2015 年

41. 吴敬梓：《儒林外史》（臥閑草堂刊本）、人民文学出版社、1975 年影印版

42. 張衛明《洋务时期国人对近代国际局势与国际公法的比附》、世界经济与政
    治、2010 年第 6 期

43. 顾江萍：《晚清民初日语词汇进入汉语及其启示》、深圳大学学报（人文社
    会科学版）第 26 卷第 4 期、2009 年 7 月

44. 王彬彬「现代汉语中的日语"外来语"问题」（日本語訳：松永英明）、《上
    海文学》随笔精品·第二辑·守望灵魂、1998 年

英文資料：

1. D.MacGillivray, Preface.A Dictionary of Philosophical Terms.
   Christian Literature Society for China.Shanghai, 1913

2. More.C.A. (ed.), The Status of the Individual in East and West, Honolulu,1968

ネット資料

1. 日本国立国会図書館デジタルコレクション
2. 早稲田図書館古典書籍総合データベース
3. 明六雑誌コーパス
4. 万国公法数据库
5. 中国国家语言委员会古代汉语语料库
6. 申报数据库
7. 晚晴全文期刊数据库
8. 台北中央研究院近代史全文数据库
9. 台北中央研究院英华字典数据库

辞書：

イ. 『大漢和辞典』2 版、大修館書店、2007 年
ロ. 『日本大国語辞典』2 版、小学館、2000 年
ハ. 《汉语大词典》汉语大词典出版社、1989 年
二. 『現代に生きる幕末・明治初期漢語辞典』 佐藤亨、明治書院、平成 19 年 6 月 20 日
ホ. 『(改正増補) 英和対訳袖珍辞書』(慶応 3 年)、蔵田屋清右衛門
ヘ. 『和訳英辞書』(明治 2 年) 高橋新吉 等編 American Presbyterian Mission Press
ト. 『浅解英和辞林』(明治 4 年)、蔵田氏新镌
チ. 『(附言挿図) 英和字彙』(明治 6 年)、柴田昌吉、子安峻 編、日就社
リ. 『哲学字彙』(明治 14 年) 和田垣謙三 等編、東京大学三学部
ヌ. 『英和袖珍字彙』(明治 17 年) 英和袖珍字彙　西山義行編 [他]、伊藤錠太郎 (出版者)

ル.『英和対訳大辞彙』(明治18年) M.Mayeda 訳、大阪同志社活版部 (出版者)

ヲ.『英和玉篇：附音挿画』(明治18年)

ワ.『明治英和字典』(明治20年) 尺振八 訳、六合館 (出版者)

カ.『英和辞書：新訳無隻』(明治23年初版) 棚橋一郎 編 [他]、戸田直秀 (出版者)

ヨ.『法律字彙』(明治23年) Bouvier's, John 著、江草斧太郎 (出版者)

タ.『牛津法律大辞典』光明日报出版社、1988年第1版

レ.『牛津高阶英汉汉英双解词典』(Oxford Advanced Learner's Dictionary 7th)

ソ.『ジーニアス英和辞典』(第4版)

ツ.薛波主编：《元照英美法词典》、法律出版社、2003年

ネ.『现代汉语词典』第六版、商务印书馆、2012年

付録

付録 1 ：明六社コーパスにおける「権利」、「権理」、「通義」の用例
付録 2 ：『申報』における「權利」の用例（1872 － 1894 年）

付録

付録1：明六社コーパスにおける「権利」、「権理」、「通義」の用例

駁旧相公議一題　西周

　人民政府に対し租税を払うの義務あるは則ち其政府の事を輿知可否するの
権理を有す。是天下の通論なりと。通論の二字何等の義ぞ。人民既に租税を
出す。則ち是に対して其保護を望むの権利を有すべし。然とも其之を参輿可
否するの権利は即ち其国創めて政体を建る時に在て之を定むべし。今それ政
府を以て国民（コンタラソシャール）約束より成る者として之を論ず。

　余まだ何等の学に淵源するを知らず。又曰く人民をして学且智に開明の域
に進ましむるの道即民撰議院を立るに在りと。また曰く先其通義権理を保護
せしめ自尊自重天下と憂楽を共にするの気象を起さしむと。いわゆる人民の
権理を保せしむるの道は何にか在る。之を民撰議院に在りとするか。之を司
法の任に在りとするか。上抑圧の政なく而て司法誠に其平を得ば人民の権理
亦保全すべし。かの自尊自重天下と憂楽を共にするの気象を有するは学識あ
るの人に望むべし。

明六雑誌03号

　宗教　森有礼；ワツテル
　津田君は宇内最良の一宗を擇び移して之を我邦の公教と為すを上策とし西
君は教政各別の理に據り宗教政府両断し永く宗教の権理を定るを以て良謨と
す。

　余頃日公法大学士ヒリモアおよびワツテル両家の著したる公法書中宗教之
部万国交道一国制度人民権理宗教弊害等に関わる者数章を得たり。

明六雑誌 06 号

独立国権義　森有礼

自由｜獨立｜國｜の｜中｜に｜一時※｜其｜權力｜を｜割て｜外國｜に｜放與｜する｜者｜あり｜｜即ち｜我｜帝國｜の｜如き｜是｜なり｜｜初め｜我｜邦｜外交｜を｜開く｜や｜實際｜不便｜少から｜ず※｜｜是｜に｜於て｜｜外人｜の｜請求｜に｜應じ※｜我｜邦｜外人｜を｜管理｜保護｜する｜の｜權義｜及び※｜開市｜地｜を｜制治｜し｜輸出入｜物品｜税｜港税｜燈明｜税｜等｜を｜課する｜の｜權理｜半ば※｜彼｜に｜放與｜せ｜り｜

｜我｜邦｜文化｜未洽｜兵力｜未強（2ウ）｜政法｜未定｜而て｜條約｜の｜尚ほ｜以て｜束縛｜する｜あり｜｜如此｜に｜し｜て｜獨立｜の｜權理｜を｜行ひ｜又｜且｜其｜義務｜を｜盡さ｜ん｜と｜欲す｜と｜雖｜事實｜能｜す｜可き｜に｜非る｜なり｜｜と

明六雑誌 07 号

妻妾論（一）　森有礼

國法｜妻妾｜を｜同視｜し｜又｜其｜生子｜の｜權理｜を｜平等｜に｜す

明六雑誌 08 号

民選議院変則論（一）　阪谷素　一月十六日演説

今日｜に｜當り｜て｜は｜上｜に｜も｜萬機｜公論｜に｜決す｜べし｜の｜詔り｜出し｜位｜にて｜日々｜月々｜人民｜の｜リベルチー｜を｜御｜勸｜あり｜て｜君｜の｜權理｜義務｜は｜如此｜人民｜の｜權理｜義務｜は｜如此｜政府｜官員｜の｜ポリチツク｜は｜如此｜す｜べく｜歐｜は｜如此｜米｜は｜如此｜と｜明白｜に｜分り

明六雑誌 27 号

自主自由解（西語十二解の二　五月一日）西村茂樹

｜此｜自然｜の｜自由｜と｜云ふ｜者｜は｜上帝｜より｜天下｜の｜人類

｜に｜賜ふ｜所｜に｜して｜人々｜生得（2オ）｜固有｜の｜權理｜なり

英國｜の｜法律｜に｜人民｜の｜權理｜を｜分ち｜て｜三綱｜と｜す｜其｜一｜は｜人民｜己が｜身｜を｜保護｜する｜の｜權理｜に｜し｜て｜凡そ｜英國｜の｜民｜は｜皆｜己が｜性命｜四肢｜形体｜健康（3オ）｜面目｜を｜虧損※｜せ｜ざる｜の｜權｜あり｜其｜二｜は｜一身｜の｜自由｜の｜權理｜に｜し｜て｜人々｜法律｜の｜禁ずる｜所｜に｜非｜ざれ｜ば｜己※｜が｜意｜の｜向ふ｜所｜に｜從ひ｜何事｜も｜自由｜に｜之｜を｜爲す｜フ｜を｜得る｜の｜權｜あり｜第｜三｜は｜自己｜の｜財産｜の｜權理｜に｜し｜て｜凡そ｜己が｜力｜を｜以｜て｜得｜たる｜所｜の｜財産｜は｜（先祖｜より｜の｜讓り｜を｜受け｜又｜は｜他｜より｜買受｜たる｜も｜此｜中｜に｜在り｜）｜之｜を｜用ふる｜も｜之｜を｜享る｜も｜之｜を｜賣る｜も｜其｜人｜の｜意｜に｜任せ｜政府｜に｜於｜て｜之｜を｜抑制｜する｜フ｜なし｜等｜是｜なり｜此｜法律｜の｜文｜を｜以｜て｜人民｜自由｜の｜標的｜と｜爲さ｜ば｜必ず※｜大なる｜過差｜なかる｜べ※し｜

明六雜誌 37 号

政府与人民異利害論（六月一日演説）　西村茂樹

國｜の｜如き｜も｜亦｜然り｜威權｜隆赫｜民｜望ん｜で｜之｜を｜畏れ｜令すれ｜ば｜行は｜れ｜禁ずれ｜ば※｜止み｜其｜爲さん｜と｜欲する｜所｜は｜國中｜敢て｜之｜に｜牴牾｜する｜者｜なき｜は｜政府｜の｜利｜なり｜然れ｜ど※も｜人民｜より｜之｜を｜言へ｜ば｜之｜が｜爲｜に｜束縛｜に｜罹り｜壓制｜を｜受け｜少し｜も｜己が｜權理｜を｜伸ぶる｜フ｜を｜得｜されば｜之｜を｜害｜と｜云は｜ざ※る｜フ｜を｜得ず｜自由｜を｜伸し｜羈絆｜を｜脱し｜租税｜は｜吾｜之｜を｜増減※｜す｜べし｜官吏｜は｜吾｜之｜を｜進退｜す｜べし｜是｜人民｜の｜利｜なり｜然れ｜ど※も｜政府｜より｜之｜を｜言へ｜ば｜政府｜の｜權｜を｜殺し｜人主｜の｜威｜を｜減※じ｜事｜を｜爲す｜に｜常｜に｜掣肘｜矛盾｜の｜患｜あれ｜ば｜之｜を｜害｜と｜云は｜ざる｜フ｜を｜得｜ざる｜なり

然ら｜ば※｜政府｜と｜云ふ｜者｜は｜自然｜に｜任せ｜置く｜時※｜は｜決して｜仁政｜を｜行は｜ざる｜者｜なる｜か　｜人民｜もし｜己｜の｜權理｜を｜得ん｜と｜欲せ｜ば｜己が｜力｜を｜以｜て｜強て｜之｜を｜奪ふ｜べき｜者｜なる｜か｜租税｜を｜輕く｜せん｜と｜欲せ｜ば｜勢｜を｜以｜て｜政府｜を｜脅かし｜て｜後｜に｜始めて｜其｜望｜を｜達す｜べき｜者｜なる｜か

明六雑誌 39 号

権理解（西語十二解の三）　西村茂樹

｜權理｜は｜英吉利｜の｜ライト｜と｜云へ｜る｜語｜の｜譯字｜なり｜ライト｜は｜本｜＝※度尼 ^{チュートニック}※｜の｜語｜に｜し｜て｜拉丁｜の｜ジュス｜と｜云ふ｜語｜と｜同様｜に｜法律｜と｜能幹｜と｜云へ｜る｜二｜つ｜の｜意味｜を｜持｜たる｜語｜なり｜方今｜英吉利｜の｜ライト｜と｜云ふ｜語｜は｜法律｜の｜義｜は｜全く｜消亡｜し｜て｜能幹｜の｜義｜又｜轉じ｜て｜他｜の｜義｜と｜爲り｜たり｜

｜方今｜用ふる｜權理｜（｜即｜ライト｜）｜と｜云ふ｜語｜は｜法｜に｜協ひ｜たる｜言分ん｜と｜云ふ｜意｜なり｜又｜法律｜の｜助｜に｜由り｜て｜言分ん｜の｜立｜たる｜筋｜又｜若し｜他人｜より｜損害｜さ｜るる※｜とき｜は｜法律｜の｜處分｜に｜由て｜罪｜を｜其｜人｜に｜與ふ｜べき｜言分ん｜等｜の｜解｜を｜下す｜べき｜語｜なり｜權理｜と｜云ふ｜者｜の｜根原｜と｜及び※｜其｜權理｜を｜得る｜所以｜の｜方法※｜は｜種々｜一様｜なら｜ず※｜し｜て｜或は｜自然｜に｜得｜たる｜者｜あり｜或は｜契約｜に｜由て｜得｜たる｜者｜あり｜或は｜賜與｜に｜由て｜得｜たる｜者｜あり｜或は｜相續※｜に｜由て｜得｜たる｜者｜あれ｜ど※も｜皆｜法律｜學｜の｜定論｜に｜由て｜許認｜さ｜れ｜たる｜者｜なり｜

（1ウ）｜權理｜と｜義務｜と｜は｜互｜に｜關係｜を｜相｜爲す｜者｜なり｜｜此｜一｜人｜に｜權理｜あれ｜ば※｜其｜人｜に｜對せ｜る｜一｜人｜に

義務あり　例へば此一人其財産を所有するの権理あれば他の一人は其財産に望を属すべからざ※るの義務あり　人の父母たる者我子の尊敬を受くべきの権理あれば人の子たる者は其父母を尊敬すべきの義務あり

権理と云ふ者は合せて之を言へば上に記するが※如し　分つて之を言へば※其別八あり　曰く自然の権理曰く附加へたる権理曰く他に渡すべき権理曰く他に渡すべ※からざる権理曰く十分の権理曰く十分ならざ※る権理曰く各個の権理曰く總体の権理是なり

自然の権理とは凡人類たる者は其性命と身体と自由とに就ての権理あり　又己が勞作を以て造りたる物に付ての権理あり　又大氣と水と光とを共同に用ふるの権理あり　是等を自然の権理と云ふ　其故は人類は天より生活したる体を受け又道理ある動物と爲り居る者なり　此天賜（2オ）を全くせんとするには是非とも以上の諸権理を己が所有と爲さざ※る丁を得ず※　故に之を名けて自然の権理と云ふなり

附加へたる権理とは國君の臣民に對しての権理大將の士卒に對しての権理夫の婦に對しての権理又諸人己が財産或は約束に付ての権理等を云ふ　凡そ人民あれば※必交際あり　交際は自然に出づ　已に交際あれば自然の権理の上に更に附加へざるべ※からざるの権理を生ず※　臣下の君主を尊敬し士卒の大將に服従し人民自己の財産を保護し又相互の約束を守る等は皆交際上に

欠くべからざるの⑺なり　人君大將夫婦等の如き身分は本人間の定むる所にて其身分に因て夫々の權理あると云ふ⑺は自然の者に非ず※して即附加への權理なれど※も人間交際上に於ては自然の權理と其輕重を異にする⑺なし

人類自然の有様に於ては人々皆造物者より受得たる智力を以て自己の性命と自由と財産とを保護する者なり　乍併天下の人民已※に交際の(2ウ)社中に入る時※は各其自己の權理の大分を以て他に渡さ※るべからず※　是を名けて他に渡すべきの權理と云ふ　誰人に之を渡すとならば國權と法律との上に之を渡すなり　性命と自由と財産とは人間最も大切の權理なり　然るを何故に容易に之を國權と法律とに渡すとならば此等の權理は人民自身に握り居るより國權と法律とに渡したる方却て其權理の安全堅固を得ればなり　唯事倉卒に起り或は危急に迫り法律の其間に立入る暇なき時※は自己の力を以て自己の權理を保守する⑺あり　又國君の人民に對しての權理夫の婦に對しての權理主人の從僕に對しての權理は全國皆一様にして他に渡すべからざ※るの權理なり

十分の權理と云ふは己が※智力を以て完く之を保全し得て少しも屈折を受ざるの權理にして交際上にては法律の力に因て慥に保護し得らるる※者を云ふなり　不十分の權理とは自己の智力と法律の權力とを十分に用ふる⑺能はざるの權理を云ふなり　凡そ人間の性命身体財産の

（3オ）｜權理｜は｜十分｜の｜權理｜なり｜｜其｜故｜は｜若し｜他人｜此｜等｜の｜物｜を｜損害｜侵奪｜する｜時※｜は｜己が｜力｜を｜以て｜之｜に｜敵抗｜し｜又｜は｜法律｜の｜裁判｜に｜依て｜其｜者｜を｜罪｜に｜行ひ｜或は｜己が※｜損害｜を｜償は｜しめ｜或は｜己が｜意｜を｜滿足｜せ｜しむる｜まで｜其｜敵※人｜を｜壓し付くる｜コ｜を｜爲し｜得｜べき｜者｜なれ｜ば※｜なり｜｜又｜婦人｜の｜面目｜の｜權理｜も｜十分｜なる｜もの｜なり｜｜其｜故｜は｜若し｜婦人｜強姦｜に｜逢は｜ん｜と｜する｜時※｜遁る｜べき｜路｜なけれ｜ば｜其｜強姦｜人｜を｜殺す｜とも｜妨｜なけれ｜ば｜なり｜

｜今｜官｜の｜爲め｜に｜人｜を｜選ば｜ん｜と｜する｜に｜先｜其｜官｜に｜要する｜才能｜技術｜を｜以て｜人材｜を｜試む｜｜官｜を｜求むる｜の｜人｜其｜才能｜技術｜政府｜の｜求むる｜所｜に｜適すれ｜ば｜則ち｜其｜官｜を｜得る｜の｜權理｜ある｜者｜と｜す｜｜然れ｜ど※も｜若し｜政府｜にて｜其｜人｜を｜棄て｜用ひ｜ざる｜時※｜は｜其｜人｜己が｜力｜を｜以て｜強て｜官｜を｜得る｜コ｜能は｜ず｜｜又｜法律｜の｜助｜を｜假り｜て｜其｜望｜を｜達する｜コ｜能は｜ず｜｜是｜を｜不｜十分｜の｜權理｜と｜云ふ｜｜又｜東家｜の｜貧人｜は｜西家｜の｜富人｜に｜施與｜を｜受る｜の｜權理｜あり｜｜然れ｜ど※も｜富人｜もし｜之｜を｜與ふる｜コ｜を｜欲せ｜ざれ｜ば｜貧人｜遍り｜て｜之｜を｜取る｜コ｜能は｜ず｜｜又｜恩｜を｜施し｜たる｜者｜は｜恩｜を｜受｜たる｜（3ウ）｜者｜より｜其｜報｜を｜受く｜べき｜の｜權理｜あり｜｜然れ｜ど※も｜恩｜を｜受｜たる｜者｜若し｜報｜を｜爲さ｜ざれ｜ば｜強て｜報｜を｜爲さ｜しむる｜コ｜能は｜ず｜｜又｜子｜は｜兩親｜より｜親愛｜と｜教育｜を｜受く｜べき｜の｜權理｜あり｜｜兩親｜は｜子｜より｜孝養｜と｜恭敬｜と｜を｜受｜く｜べき｜の｜權理｜あり｜｜然れ｜ど※も｜若し｜双方｜にて｜其｜義務｜を｜盡さ｜ざ※る｜時※｜は｜共に｜己｜の｜力｜を｜以て｜強て｜其｜義務｜を｜盡さ｜しむる｜コ｜能は｜ず｜｜是｜皆｜不｜十分｜の｜權理｜なり｜

各個の権理とは其人の位階身分特権他人と異なるフある者を云ふ即ち國君主人教師夫婦の権理等の類にて交際の上にて其人に固着したる権理を云ふなり総体の権理は人類全体の上に属する所の権理にして地上の植物と動物の肉を以て食料と爲すべきが※如き是なり既に地上に生じ※たる植物を食ふを以て人間一般の権理と爲す時※は若し遊戯の餘に田地の一分を荒らす者の如きは悪事中の一にして造物者の人類に分與したる公物を減※縮するの理なり此道理に憑て推す時※は博※奕に類したるフを規則を定めて之を許し或は都邑の法を以て一人の私（4オ）権を保護する等は皆一般の権理を害する者なり英國のドクトルペイリイ曰く凡そ人民惣※体の公用に属する所の物は決して一人の私用の物と定むべからずと

惣※体の権理の中に亦已むフを得ざるの権理と云ふ者あり是は他人の財産を破壊して我所有物を保護するの権理なり例へば荷物を海中に投入して我が船を助け火災の延焼を防ぐ※が爲に隣人の家を倒すが如きは皆此権理に出たる者なり然れど※も此の如き事は若し自ら之を爲す時※は必ず※其損失を償はざるべからざるの理なり

権理の字には又第二の用法あり則ち道徳學にて言ふ所の権理なり尋常の権理の語は法律を依據として之を定め道徳學にて用ふる権理の字は上帝の意を依據として之を定めたる

者｜に｜し｜て｜其｜權理｜と｜する｜處｜の｜者｜は｜固より｜異｜なる｜フ｜なし｜｜唯｜道徳｜學｜の｜權理｜は｜其｜包ぬる｜所｜差｜廣く｜して｜法律｜上｜にて｜言は｜ざる｜所｜の｜權理｜を｜も｜其｜中｜に｜算入｜する｜フ｜あり｜

権利

駁旧相公議一題　西周

｜人民｜既に｜租税｜を｜出す｜｜則ち｜是｜に｜對し｜て｜其｜保護｜を｜望む｜の｜權利｜を｜有す｜べ※し｜｜然｜ど※も｜其｜之｜を｜參與｜可否｜する｜の｜權利｜は（10オ）｜則｜其｜國｜創め｜て｜政體｜を｜建｜る｜時※｜に｜在｜て｜之｜を｜定む｜べ※し｜｜今｜それ｜政府｜を｜以｜て｜國民ᶜᵒⁿᵗᵃʳᵃˢᵒˢʰⁱᵃⁱˡᵘ約束｜より｜成る｜者｜と｜し｜て｜之｜を｜論ず※

｜故｜に｜ルウソウ｜氏｜の｜説｜に｜據り｜政府｜を｜以｜て｜全く｜約束｜より｜成る｜と｜する｜も｜政府｜の｜事｜を｜與知｜する｜の｜權｜利｜は｜租税｜を｜出す｜と｜相｜對する｜の｜權利｜に｜非｜ず

明六雑誌 03 号

米国政教（一）　加藤弘之　トムソン

｜合衆｜國｜の｜國憲｜に｜は｜合衆｜國｜全土｜何れ｜の｜地｜に｜於｜て｜も｜政務｜の｜職官｜を｜授任｜する｜に｜決して｜本人｜奉ず※る｜所｜の｜教派※｜如何｜を｜問は｜ざ※る｜由｜を｜載定｜し（｜即ち｜國｜憲｜第｜六｜節｜第｜三｜章｜に｜出づ※｜）｜并｜に｜縱令ひ｜コングレス｜（｜按ず※る｜に｜立法｜府｜又｜議事｜院｜と｜譯す｜）｜の｜權｜と｜雖

ど※も｜敢て｜諸｜教派※｜の｜一｜を｜取て｜國家｜の｜本教｜と｜なす｜の｜憲法（11 ウ）｜を｜立て｜或は｜人々｜奉教｜自由｜の｜權利｜を｜妨害｜する｜の｜憲法｜を｜立る｜が※｜如き｜は｜決して｜許さ｜ざ※※る｜由｜を｜載定｜す（｜即ち｜國憲｜追加｜第｜一｜節｜に｜出づ※｜）｜

臣民｜論述｜の｜自由｜禮拜｜の｜自由｜其｜他｜總て｜神道｜に｜關係｜せる｜事｜の｜自由｜は｜決して｜政府｜より｜授與｜せ｜られ｜たる｜特權｜に｜あら｜ず※｜實｜に｜人々｜の｜心靈｜精神｜の｜内｜に（13 オ）｜居｜を｜占め｜たる｜權利｜なり｜｜是｜故｜に｜政府｜は｜敢て｜之｜を｜妨害｜せ｜ざ※る｜を｜以て｜其｜義務｜と｜爲さ｜ざ※※る｜可ら｜ず※｜｜是れ｜即ち｜合衆｜國｜大憲｜の｜基本｜なり

明六雑誌 05 号

米国政教（二）　加藤弘之

｜「｜各邦｜は｜敢て｜合衆｜國｜臣民｜の｜特權｜及び※｜權利｜を｜妨害｜する｜所｜の｜憲法｜を｜示令｜する｜を｜得｜ず※｜」

｜「｜諸｜撰擇｜（｜大統領｜副｜統領｜の｜撰擇｜若くは｜コングレス｜の｜代議｜者｜或は｜各邦｜の｜政官｜及び※｜法官｜の｜撰擇｜）｜の｜フ｜ある｜に｜方て｜年齡｜二十｜一｜に｜届て｜合衆｜國｜の｜臣民｜たる｜男（5 オ）子｜の｜發言｜する｜權利｜｜〔｜按｜〕｜｜撰擇｜の｜會議｜に｜加はり｜て｜所見｜を｜述る｜權利｜を｜云ふ｜｜を｜剥奪｜し｜或は｜之｜を｜減※縮｜する｜（｜但し｜本人｜叛亂｜の｜黨｜に｜加はり｜｜若くは｜他｜の｜重罪｜を｜犯※せる｜時※｜の｜外｜）｜とき｜は｜各邦｜に｜於て｜權利｜の｜妨害｜を｜受け｜たる｜二十｜一｜歳｜以上｜の｜｜男子｜の｜員數｜に｜應じ※｜て｜各邦｜より｜出る｜所｜の｜代議｜者｜の｜員數｜減※少｜する｜フ｜當然｜なり｜｜〔｜按｜〕｜｜撰擇｜者｜の｜員數｜に｜應じ※｜て｜代議｜者｜の｜員數｜多寡｜の｜差ひ｜あれ｜ば※｜なり｜｜と｜｜（｜追加｜第｜十｜四｜節｜第｜二｜章｜を｜看る｜可し

各邦に於て若し其臣民中一部分の者の權利を剝奪するてあるに方て合衆國の權を以て之を禁止するときは人或は之を擅恣の處分と云ふ可し　盖し合衆全國の權柄も亦必ず※限制せらるる※所あれば※なり　然れど※も某一邦にて其臣民の發言權利を限制するが※爲めに其邦の政府罪を被るてありとも敢て之を防拒するの權利は決して有らざ※る可し

　國憲追加に此一節を加へしは素と釋放を受けて自由の民となれる賣奴をして各邦の擅制を被らざ※らしめんが※爲めにする所なりと雖も本節の意甚だ※廣博※なるを以て總て臣民の諸權利を保護するに足るべ※き（5ウ）條規と視做して可なり　〇今上に舉げ※たるが※如く各邦に於て合衆國臣民の特權及び※權利を限制すべ※き憲法を創定施行するは敢て許さざ※※る の制度と及び※政府の官吏となり或は其委任を受くる等のては絶えて本人奉ず※る所の教派※如何に關係せざ※るの制度あり　既に此二制度あれば※縱令ひ各邦に於て政府の官吏を舉ぐ※るに本人の教派※如何を問はんと欲するも決して能はざ※るて論を俟た※ず※

宗教　森有礼　ワツテル
　〇若し邦人皆神に奉仕する時※は必ず※之を敬禮せざ※るべ※から※ず※宗教を擇び※又且之を崇禮するの法を定むるは特り其邦の權利に属す

○國宗を變じ※或は新に之を定むるは全く其邦の權利に属す敢て一人一己の權を以て之を爲す事を得可らず※故に新教を唱ふるに至ても亦然り人民若し宗教に就て異説あらば※必ず※之を其邦の主宰に致し其命を待つべ※し（以上五十七葉）

第二　君長の義務及び※權利

○宗教の世交に關る至て大なり國の主宰たる者は悉く之を監察し又其教師を管理するの權利を有せざ※る可らず※世交邦政の要は必然其國（8オ）を安保するにあり然れば※則君長此權利を有するの事理判然なり之を有せざ※らんと欲すとも國民明に之を諸するにあらざ※れば※得可らず

諸國の僧徒其官職を外國政府（即ち法王を云）に仰ぐ※者多し是れ其國の固有の權利を犯※し政法の公道に戻る者なり（六十七葉）

○（羅馬法王管轄の僧徒等從属の有様を記載するの末に以下の文あり）僧徒は萬事に付て常に此法院の怒に觸れざ※る様戒心し能く其歡心を得んフを勉む而て法院は力を盡して此徒を支へ其威權を用ひて之を輔け其敵に向て之を護り又其の權利を制限せんと企る者

｜あれ｜ば※｜直※に｜之｜に｜反し｜て｜之｜を｜保護｜する｜耳｜なら｜
ず

｜○｜僧徒｜は｜尊敬｜を｜受け｜しむ｜べ※し｜｜然れ｜ど※も｜些少｜
も｜之｜に｜權力｜を｜假す｜べ※から｜ず※｜｜固より｜之｜に｜獨立｜の
｜權利｜を｜要求｜する｜を｜許す｜可から｜ず※｜｜第｜一｜に｜彼｜等｜
を｜し｜て｜他｜の｜人民｜と｜齊く｜其｜業｜も｜亦｜他｜の｜業｜に｜
於｜る｜が※｜如く｜悉く｜政府｜の｜權下｜に｜屬せ｜しめ｜而して｜之
｜に｜對し｜て｜其｜行状｜の｜責｜を｜負は｜しむ｜べ※し

｜若し｜世交｜國法｜其｜放ち｜難き｜の｜情義｜を｜守り｜又｜之｜を
｜自由｜に｜行ふ｜事｜を｜許さ｜ざ※※れ｜ば※｜亦｜之｜に｜許す｜に｜國
｜を｜去る｜の｜權利｜を｜以｜て｜せ｜ざ※る｜可ら｜ず※｜｜（｜五十｜七
｜葉｜）｜

明六雑誌 06 号

｜｜「｜ヒリモア｜」｜萬國｜公法｜の｜内｜宗教｜を｜論ずる｜章｜（｜撮
要｜）｜ 柴田昌吉；ヒリモア
｜予｜敢て｜言ふ｜｜一｜國｜その｜國教｜の｜情状｜に｜より｜他教｜
を｜禁ずる｜を｜以｜て｜其｜國｜の｜本分｜と｜なす｜は｜妨げ※｜なかる
｜べし｜と｜｜然れ｜ど※も｜之｜が｜爲｜慘酷｜の｜所業｜を｜施す｜も｜
可｜なり｜と｜云ふ｜に｜は｜あら｜ず｜」｜｜宗教｜の｜用｜は｜人｜と｜
上帝｜と｜の｜交感｜に｜止まる｜のみ｜なら｜ず｜凡｜世間｜の｜事業｜
之｜に｜依て｜端緒｜を｜開く｜の｜裨補｜あり｜｜且｜宗教｜は｜專ら
｜人｜の｜本心｜上｜に｜歸する｜と｜雖ど※も｜亦｜生民｜行状｜の｜根底
｜と｜なる｜べき｜者｜に｜し｜て｜終に｜人道｜の｜第｜一｜義｜に｜歸
す｜」｜｜某國｜の｜他教｜を｜禁ずる｜必竟｜自國｜の｜平安｜を｜保つ｜

の｜主意｜に｜出る｜が｜如き｜は｜即｜之｜を｜禁ずる｜の｜權利｜あり

宗教｜の｜事｜に｜與聞｜する｜權利｜を｜論ずる｜章｜（｜撮要｜）｜

｜〇｜同宗｜の｜教｜を｜奉ず※る｜縁故｜を｜以て｜事｜に｜與聞｜する｜權利｜に｜於て｜區別｜す｜べき｜もの｜あり｜｜此｜區別｜事｜に｜於て｜肝要｜なり｜と｜す」｜｜耶蘇｜教｜を｜奉ず※る｜一｜國｜ここ※｜に｜あり｜｜その｜教｜と｜同派※｜の｜もの｜を｜信ずる｜某｜宗徒｜の｜爲｜に｜此｜徒｜を｜管轄｜する｜他國｜此｜國｜も｜亦｜耶蘇｜教｜を｜奉ず※｜但※し｜別派※｜なり｜｜の｜事｜に｜與聞｜せん｜と｜要する｜は｜則｜その｜理｜あり｜｜是｜區別｜の｜一｜也｜｜又｜耶蘇｜教｜を｜信ずる｜總｜宗徒｜の｜ため｜若くは｜その｜一｜宗徒｜の｜爲｜に｜異教｜を｜信（11ウ）ずる｜他國｜の｜事｜に｜與聞｜せん｜と｜要す｜｜亦｜その｜理｜あり｜｜是｜區別｜の｜二｜なり｜｜第｜一｜卷｜五｜百｜十｜七｜葉｜

｜〇｜この｜道｜（｜即｜與聞｜の｜權利｜を｜云ふ｜）｜は｜尚更｜に｜之｜を｜擴充｜せ｜ざる｜可ら｜ず｜と｜云ひ｜且｜宗教｜の｜事｜に｜就て｜衆人｜を｜凌虐｜する｜國｜あら｜ば｜兵力｜を｜以て｜その｜事｜に｜與聞｜する｜も｜萬國｜公法｜の｜許す｜所｜に｜して｜恰も｜國亂｜久しく｜息ま｜ず｜流血｜杵｜を｜漂はす｜の｜日｜に｜當り｜兵力｜を｜以て｜其｜國｜を｜勸解｜處分｜する｜と｜同日｜の｜論｜なり｜と｜云ふ｜｜此｜二｜説｜に｜至り｜て｜は｜何れ｜も｜當に｜辯論｜せ｜ざる｜可ら｜ず｜

｜抑｜我｜國王｜は｜東方｜の｜天主｜教｜を｜保護｜する｜の｜説｜を｜唱へ｜て｜信教｜の｜念｜を｜飾る｜と｜雖ど※も｜その｜實｜は｜僅｜に｜外貌｜の｜虛飾｜に｜過｜ざる｜耳｜｜故｜に｜この｜事態｜に｜徹底

せ｜ざる｜徒｜を｜し｜て｜迷は｜しむ｜｜又｜佛國｜の｜君｜に｜土國｜人｜の｜宗教｜に｜與かる｜の｜權利｜あり｜と｜は｜土國｜の｜君｜も｜絶｜て｜想像｜せ｜ざり｜し｜所｜なり｜｜我｜先官｜「｜レ、｜マルキス｜、｜デ、｜ボンネ」｜氏｜此｜事｜の｜建言｜中｜に｜云へ｜る｜ア｜あり｜｜曰｜｜他（12 ウ）國｜の｜君主｜と｜その｜交り｜懇親｜なり｜とも｜｜その｜國教｜の｜事｜に｜至り｜て｜は｜與から｜しむ｜可ら｜ず｜｜此｜事｜に｜就｜て｜は｜土國｜の｜人｜も｜尚｜他國｜の｜人｜と｜同じく｜｜大に｜感覺｜する｜所｜あら｜ん｜｜と｜｜抑｜佛國｜の｜土國｜を｜待する｜を｜見る｜に｜友誼｜懇親｜に｜因る｜の｜外｜更に｜他意｜あら｜ず｜｜故｜に｜土國｜の｜ため｜に｜害｜ある｜約｜は｜立｜べから｜ず｜｜この｜理｜領解｜し｜難き｜に｜あら｜ず｜｜是｜を｜以て｜我｜指令｜書｜の｜中｜に｜も｜首｜と｜し｜て｜土國｜の｜嫌疑｜を｜釀す｜べき｜諸事｜を｜避け｜宗教｜の｜事｜に｜拘はる｜條歟｜に｜至り｜て｜は｜殊に｜過多｜の｜寛裕｜を｜與へ｜たり｜

｜武官｜の｜恭順｜
｜｜加藤｜弘之｜

必ず※｜官吏｜を｜し｜て｜自由｜に｜政令｜の｜是非｜得失｜を｜議する｜を｜得｜せ｜しむ｜｜是｜を｜以て｜政府｜官吏｜の｜恭順｜に｜至り｜て｜は｜武官｜の｜恭順｜に｜比すれ｜ば※｜甚だ※｜寛｜に｜し｜て｜其｜君主｜に｜對し｜て｜有する｜所｜の｜權利｜も｜亦｜甚だ※｜大｜なり｜｜況んや｜議事｜院｜及び※｜法院｜の｜如き｜に｜至り｜て｜は｜殆ど※｜獨立｜不羈｜の｜權｜ある｜が※｜故｜に｜恭順｜の｜義務｜亦｜大に｜輕し｜

｜而して｜獨り｜武官｜の｜恭順｜甚だ※｜嚴｜に｜し｜て｜君主｜の｜武官｜に｜對し｜て｜有する｜の｜權利｜亦｜甚だ※｜大｜なる｜は｜何｜ぞ※｜や｜｜盖し｜兵權｜は｜暴猛｜凶惡｜の｜權｜なり｜｜實｜に｜已む｜を｜得｜ざ※る｜に｜あら｜ざ※れ｜ば※｜決して｜施行｜す｜べ※き｜者｜に｜

あら｜ず

｜然る｜に｜若し｜武官｜を｜し｜て｜縦｜に｜和戰｜の｜是非｜得失｜を｜議せ｜しめ｜輙く｜其｜權｜を｜施行｜せ｜しむる｜とき｜は｜所謂｜鬼｜に｜金棒｜を｜與ふる｜に｜同じ※う｜し｜て｜或は｜輙く｜無名｜の｜師｜を｜起し｜無謀｜の｜戰｜を｜開く｜の｜恐れ｜なき｜能は｜ず※｜｜是れ｜盖し｜嚴に｜其｜權利｜を｜抑制｜し｜て｜只管｜王命｜に｜恭順｜せ｜しめ｜ざ※る｜を｜得｜ざ※る｜所以｜なり

明六雑誌 07 号

｜○｜拷問｜論｜の｜一　津田真道

貴賤｜懸隔｜權柄｜夐※｜に｜殊｜なり｜｜縱令｜絶て｜拷訊｜を｜用ふる｜無き｜も｜匹夫｜賤劣｜威嚴｜に｜慴伏｜し｜心膽｜轉倒｜其｜理｜を｜伸ぶ※る｜了｜夫の｜民法｜の｜訟庭｜に｜於｜て｜原被告｜人｜互｜に｜其｜權利｜を｜主張｜する｜尤｜明白｜なる｜が｜如き｜了｜能は｜ず｜｜動｜も｜すれ｜ば※｜冤屈｜を｜免れ｜難し｜と｜す｜｜然る｜を｜況んや｜拷問｜を｜用ひ｜て｜之を｜強服｜せ｜しむる｜に｜於｜て｜を｜や

明六雑誌 07 号

妻妾論（一）　森有礼

婦｜の｜交｜は｜人倫｜の｜大本｜なり｜｜其｜本｜立て｜而して｜道｜行は｜る｜｜道｜行は｜れ｜て｜而して｜國｜始て｜堅立｜す｜｜人｜婚｜すれ｜ば※｜則｜權利｜義務｜其｜間｜に｜生じ※｜互｜に｜相｜凌ぐ※｜を｜得｜ず※｜｜何｜を｜か｜權利｜と｜し｜何｜を｜か｜義務｜と｜す｜｜其の｜相｜扶け｜相｜保つ｜の｜道｜を｜云｜なり｜｜即ち｜夫｜は｜扶助｜を｜妻｜に｜要する｜の｜權利｜を｜有し｜又｜妻｜を｜支保｜する｜の｜義務｜を｜負ふ｜｜而して｜妻（3オ）｜は｜支保｜を｜夫｜に｜要する｜の｜權利｜を｜有し｜又｜夫｜を｜扶助｜する｜の｜義務｜を｜負ふ｜｜苟も｜此｜理｜に｜據り｜婚交｜せ｜ざ※る｜者｜は｜未だ※｜人間｜の｜婚交｜と

｜目す｜可ら｜ざ※る｜なり｜｜今｜我｜邦｜婚交｜の｜習俗｜を｜視る｜に
｜夫｜恣｜に｜妻｜を｜役使｜し｜て｜其｜意｜に｜充た｜ざ※る｜が※｜如
き｜任意｜に｜之｜を｜去る｜とも｜國法｜嘗て｜之｜を｜律さ｜ず※｜｜是
｜を｜以｜て｜權利｜義務｜其｜間｜に｜行は｜る｜を｜得｜ず※｜

明六雑誌 08 号

運送論　津田真道

是｜固より｜該國｜人民｜智識｜勉強｜の｜致す｜所｜なり｜｜而して｜
英國｜人民｜彼｜が｜如く｜縱｜に｜其｜智力｜を｜伸る｜フ｜を｜得る｜
所以｜奈何｜｜曰く｜英國｜政府｜其｜人民｜を｜束縛｜せ｜ず｜｜人民｜
に｜與ふる｜に｜自由｜の｜權利｜を｜以｜て｜する｜に｜職｜と｜し｜て
｜之｜由る｜なり｜

明六雑誌 09 号

｜リボルチー｜の｜説｜　箕作麟祥

｜リボルチー｜譯し｜て｜自由｜と｜云ふ｜｜其｜義｜は｜人民｜を｜し
｜て｜他｜の｜束縛｜を｜受け｜ず※｜自由｜に｜己れ｜の｜權利｜を｜行は
｜しむる｜に｜在り｜｜而して｜方今｜歐亞｜の｜各國｜其｜政治｜の｜善
※美｜を｜盡くし｜國力｜の｜強盛｜なる｜は｜畢竟｜皆｜人民｜の｜自由｜
ある｜に｜原き｜若し｜其｜詳｜を｜知ら｜ん｜と｜欲せ｜ば※｜中村｜先生
｜所譯｜刊行｜の｜ミル｜氏｜自由｜理｜に｜就き｜以｜て｜之｜を｜看る
｜可く｜故｜に｜今｜余｜が※｜贅言｜を｜待た｜ざ※る｜如し｜と｜雖ど※も
｜リボルチー｜に｜亦｜古今｜の｜沿革｜ある｜に｜因り｜其｜概畧｜を｜
左｜に｜掲載｜す｜

明六雑誌 09 号

｜〇｜拷問｜論｜の｜二　津田真道

歐米｜獨立｜の｜各國｜和親｜通商｜の｜交際｜上｜に｜於｜て｜互｜に
｜盟約｜章程｜を｜締立｜せ｜ざる｜は｜なし｜｜彼此｜の｜權利｜同一

｜に｜し｜て｜優劣｜ある｜フ｜なし｜｜彼｜國｜の｜民｜此｜國｜に｜來れ｜ば｜必らず｜此｜國｜の｜法律｜以｜て｜之｜を｜保護｜し｜政令｜以｜て｜之｜を｜撫治｜する｜フ｜固より｜論｜を｜竢た｜ず

明六雑誌 10 号

妻妾論（二）　森有礼

｜余｜前會｜に｜夫妻｜の｜間｜其の｜權利｜義務｜行は｜れ｜ざ※れ｜ば｜夫妻｜の｜婚交｜有名｜無實｜に｜属する｜を｜辨ず※｜｜今｜や｜妻｜妾｜婢｜或は｜私通｜に｜由｜て｜生ず※る｜所｜の｜者｜と｜雖ど※も｜等く｜家系｜を｜嗣ぐ※｜を｜得る｜と｜せ｜ば※｜夫妻｜の｜名義｜も｜亦｜存する｜を｜得｜ず※｜

明六雑誌 11 号

｜○｜政論｜の｜三｜｜｜津田｜眞道｜

｜代議｜士｜は｜議法｜を｜以｜て｜其｜職務｜と｜し｜又｜其｜特權｜と｜す｜｜然れ｜ど※も｜其｜議する｜所｜の｜法｜を｜我｜帝國｜に｜頒行｜する｜と｜否｜ざる｜と｜は｜特｜に｜天皇｜陛下｜の｜帝權｜に｜し｜て｜代議｜士｜權利｜の｜絶て｜無き｜所｜と｜す｜

明六雑誌 12 号

米国政教（三）　加藤弘之

｜合衆｜國｜共和｜政｜の｜論｜にて｜は｜天良※｜是非｜の｜自由｜權｜を｜以｜て｜人｜たる｜者｜の｜必ず※｜先づ※｜保有｜せ｜る｜諸｜權利｜中｜の｜一｜と｜し｜て｜認定｜する｜は｜固より｜論｜を｜竢た｜ず※｜然れ｜ど※も｜何人｜に｜論なく｜自己｜の｜奉ず※る｜神道｜を｜以｜て｜自己｜の｜罪犯※｜を｜掩蔽｜する｜具｜と｜爲さ｜ん｜と｜欲する｜が※｜如き｜は｜決して｜許さ｜ざ※※る｜所｜なり

｜○｜是｜故｜に｜縦令ひ｜モルモーネン｜及び※｜自由｜戀愛｜黨｜は｜

付録

一夫|數|妻|を|娶る|フ|と|及び※|夫婦|時※々|配※偶|を|改※る
|フ|と|を|以て|實|に|己※れ|が※|奉ず※る|神道|に|於て|
許さ|れ|し|フ|と|爲す|と|雖も|政府|は|自ら|公衆|の|事
に|關す|べ※き|當然|の|權利|を|用ひ|及び※|倫理|の|當然|に
|從て|必ず※|是|等|の|惡|風俗|を|禁止|する|の|憲法|を|
設定|する|フ|固より|緊要|の|フ|と|云ふ|可き|なり|政府|
宜しく|倫理|に|從ふ|べ※き|義務|を|有する|所以|は|末歎|に|
讓り|て|茲|に|論ぜ※|ず※

|政府|は|敢て|教會|の|事|に|關せ|ざ※る|を|要す|と|雖も
|然る|も|敢て|倫理|に|背く|可ら|ず※|政府|は|必ず※|奉教
|自由|の|權利|を|認許|する|(3ウ)|を|要す|と|雖も|然る|も
|敢て|臣民|の|不正|不義|を|恕す|可ら|ず※|

明六雑誌 13 号
|リボルチー|の|説|(二)|第|九|号※|の|續※|　|　|箕作|麟
祥
政府|は|各人|の|權利|を|抑制|する|に|衆庶|の|權利|を|
以|て|し|人々|一家|の|私事|も|擧げ※|て|之れ|に|干渉|せ
ざ※る|なけれ|ば※|羅馬|の|百戰|百勝|を|得て|頓に|強盛|を
|極め|未曾有|の|大國|を|成せ|し|は|想ふ|に|各人|の|權
を|抑壓|し|以て|衆庶|の|權|を|盛大|なら|しめ|し|に|基
く|者|の|如し|と|雖も|斯く|人|の|貴重|なる|嗜好|を|羈束
|し|て|全く|自由|の|權|を|壓制|し|徒ら|に|其|勇威|を|
擴張|し|たる|は|豈に|亦|慨歎|す|可き|に|非|ず※|乎
明六雑誌 14 号
|○|租|税|の|權|上下|公|共|す|べ|き|の|説|
|　|阪谷|素

夫れ｜財｜に｜公有｜あり｜｜私有｜あり｜｜私有｜なる｜者｜權利｜一｜人｜一｜家｜に｜あり｜｜他人｜決して｜侵す｜べから｜ず｜｜侵せ｜ば｜賊｜也｜｜公有｜なる｜者｜衆人｜之｜を｜共｜に｜す｜｜權利｜衆人｜に｜あり

明六雑誌 15 号

政論（五）　津田真道

近來｜歐米｜各國｜の｜奴婢｜を｜廢し｜たる｜美政｜に｜蕩軼｜する｜コ｜數等｜なり｜｜我｜帝國｜の｜人民｜地券｜あり｜て｜以來｜始て｜自由｜の｜權利｜を｜全う｜する｜コ｜を｜得｜たり｜と｜謂ふ｜べき｜のみ｜」｜

明六雑誌 16 号

人間｜公共｜の｜説｜二｜｜｜杉｜亨二｜

父｜の｜生涯｜其｜權利｜を｜保護｜し｜或は｜兄弟｜不和｜爭論｜の｜弊｜を｜防止｜し｜又｜或は｜子｜の｜父｜を｜助け｜て｜家産｜を｜増殖｜する｜者｜は｜父｜の｜讓｜を｜受くる｜コ｜當れ｜る｜を｜以｜て｜遂｜に｜後嗣｜の｜法｜を｜定め｜たり蓋し｜此｜法｜たる｜人｜は｜全然｜完備｜せ｜る｜者｜に｜あら｜ず※｜し｜て｜其｜至ら｜ざ※る｜所｜ある｜を｜以｜て｜一｜弊｜を｜除※け｜ば※｜又｜一｜害｜を｜生ぜ※｜し｜なり｜｜初め｜土地｜を｜私有｜する｜者｜私有｜の｜權利｜を｜持する｜者｜此｜外｜其｜讓與｜の｜權利｜を｜受くる｜者｜ある｜に｜至り｜て｜は｜世人｜普通｜の｜私有｜を｜失ひ｜天然｜の｜責｜に｜應ぜ※｜ざ※る｜者｜亦｜甚だ※｜夥く｜私有｜者｜は｜冨み｜無｜私有｜者｜は｜貧し｜｜而して｜貧｜者｜より｜之｜を｜見れ｜ば※｜私有｜讓與｜の｜事｜ある｜は｜公平｜を｜得｜て｜道理｜に｜原づ※く｜者｜に｜あら｜ざ※る｜に｜似｜たり｜｜然し｜て｜貧人｜飢｜に｜死し｜寒｜に｜斃るる※｜を｜免かれ｜ざ※る｜を｜以｜て｜天｜の｜普く｜惡害｜を｜禁戒｜する｜の｜道｜に｜由り｜私有｜者

は｜無｜私有｜者｜を｜して｜職業｜を｜なさ｜しめ｜以｜て｜其｜産｜を｜確保（3ウ）｜する｜を｜得｜｜無｜私有｜者｜は｜私有｜者｜の｜職業｜を｜なし｜以｜て｜其｜資益｜を｜得｜て｜此｜凶厄｜に｜遇ふ｜テ｜を｜免れ｜たり｜

明六雑誌 18 号

｜〇｜民選｜議院｜の｜時※｜未だ※｜到ら｜ざ※る｜の｜論｜
｜｜神田｜孝平｜
｜民選｜議院｜豈｜容易｜に｜起る｜べ※け｜ん｜や｜｜時※節｜到來｜せ｜ざ※れ｜ば※｜決して｜起ら｜ず※｜｜且｜時※（3オ）節｜到來｜す｜と｜雖｜其｜時※節｜は｜決して｜喜ぶ※｜べ※き｜時※節｜に｜は｜非｜ざ※る｜べ※し｜」｜｜抑も｜民選｜議院｜建設｜の｜時※節｜は｜國体｜の｜變じ※｜て｜君主｜專權｜より｜君民｜分權｜に｜遷る｜の｜時※｜なり｜｜此｜時※｜や｜｜人民｜は｜權利｜を｜得る｜テ｜なれ｜ば※｜或は｜不｜承知｜ある｜まじ※き｜か｜｜それ｜すら｜未だ※｜屹度｜と｜は｜云｜が※たし

明六雑誌 19 号
｜〇｜貿易｜改※正｜論｜｜明治｜七｜年｜十｜二｜月｜十｜六｜日｜｜｜杉｜亨二｜
｜曰く｜保護｜法｜を｜行へ｜ば※｜自由｜交易｜の｜公道｜に｜背き｜人民｜の｜權利｜を｜束縛｜し｜益々｜拙劣｜に｜導き｜大に｜害｜を｜促さ｜ん｜と｜す

明六雑誌 24 号

｜〇｜妻妾｜論｜五｜
｜｜森｜有禮｜
｜婚姻｜律案｜｜｜第｜一｜章｜｜婚姻｜契約｜｜｜第｜一｜條｜（1

ウ）｜婚姻｜は｜之｜を｜爲す｜に｜適し｜たる｜人｜雙方｜共｜に｜同意｜承諾｜する｜を｜要す｜｜而して｜之｜を｜爲す｜に｜は｜相當｜の｜法式｜を｜行は｜ざ※る｜べから｜ず｜且｜双方｜互｜に｜夫妻｜たる｜の｜權利｜義務｜を｜豫め｜辨ぜ※｜ざ※る｜べ※から｜ず｜｜｜第｜二｜條｜｜夫妻｜の｜間｜に｜存する｜處｜の｜權利｜義務｜は｜概ね｜從來｜の｜慣習｜に｜因る｜べ※し｜と｜雖｜婚姻｜を｜行ふ｜の｜時※｜雙方｜商議｜の｜上｜書面｜にて｜約し｜たる｜者｜ある｜に｜於｜て｜は｜專ら｜其｜約書｜の｜旨｜に｜從ふ｜べ※し｜

明六雜誌 27 号

｜〇｜明六｜社｜第｜一｜年｜回｜役員｜改※選｜に｜付｜演説｜｜｜森｜有禮｜

二｜｜會舘｜建築｜の｜金主｜へ｜は｜利子｜毎月｜幾｜十｜圓｜建築｜費額｜の｜一｜割｜｜を｜出す｜フ｜を｜約す｜べ※し｜｜若し｜之｜を｜出す｜フ｜能は｜ざ※る｜時※｜は｜明六｜雜誌｜藏※版｜の｜權利｜を｜以｜て｜之｜に｜換ふ｜べ※し｜

明六雜誌 30 号

｜〇｜國民ナシオナル｜氣風ケレクトル｜論｜｜｜西｜周｜

故｜に｜忠諒｜は｜良※き｜性質｜なり｜と｜雖ど※も｜所謂｜學｜を｜好ま｜ざ※れ｜ば※｜其｜蔽｜や｜愚｜たる｜免かれ｜ざ※る｜なり｜｜又｜易直※｜と｜云ふ｜徳｜の｜反體｜は｜頑曲｜〔如此き｜熟字｜なし｜と｜も｜〕｜なり｜｜此｜二｜義｜を｜横｜に｜並べ※｜下｜に｜權利｜の｜字｜を｜正中｜に｜書き｜而て｜後｜に｜其｜下｜に｜失ひ｜易し｜失ひ｜難し｜と｜並べ※｜て｜加ふる｜時※｜は｜易直※｜の｜方｜に｜易｜の｜字｜を｜置き｜頑曲｜の｜方｜に｜難｜の｜字｜を｜下す｜こと｜常例｜たれ｜ば※｜易直※｜の｜性｜は｜權利｜を｜失ひ｜易し｜與し｜易し｜等｜の｜蔽あり｜

付録

と｜す｜

明六雑誌 32 号

｜○｜人世｜三寶｜説｜二｜｜｜西｜周

｜人｜の｜富有｜之｜を｜所有ブロツパチー｜と｜云ひ｜其｜所有｜を｜侵奪｜する｜之｜を｜竊盜｜と｜謂ふ｜｜凡そ｜天下｜の｜過惡｜千態｜萬状｜窮極｜なき｜が※｜如し｜と｜雖ど※も｜皆｜此｜三寶｜を｜戕害｜する｜兇賊｜詐僞｜竊盜｜の｜變形｜變體｜に｜して｜而て｜其｜兇賊｜詐僞｜竊盜｜は｜かの｜疾病｜愚痴｜貧乏｜の｜三｜禍鬼｜の｜形｜を｜變じ※｜勢｜を｜逞う｜する｜者｜に｜して｜之｜を｜名け｜て｜人間｜の｜三｜惡魔｜と｜云ふ｜｜故｜に｜個々｜人々｜の｜躬行｜は｜自己｜の｜三｜大寶｜を｜貴重｜し｜勉め｜て｜三｜禍鬼｜を｜除※き｜而て｜又｜勉め｜て｜他｜の｜三｜惡魔｜を｜防ぐ※｜べ※し｜｜之｜を｜法律｜の｜語｜にて｜權利ライト｜と｜云ひ｜又｜他人｜の｜三｜大寶｜を｜貴（3オ）重｜し｜我｜の｜三｜惡魔｜を｜制し｜毫も｜之｜を｜犯※す｜７｜なき｜之｜を｜義務オブリケーシウン｜と｜謂ふ｜｜此如く｜權義｜相｜立ち｜其｜間｜に｜於｜て｜苟も｜犯※す｜７｜なけれ｜ば※｜人道｜の｜大本｜立ち｜德行｜の｜基礎｜備はる｜｜然れ｜ど※も｜未だ※｜善※美｜を｜盡せ｜り｜と｜謂ふ｜可ら｜ず※｜

明六雑誌 39 号

付録2：『申報』における「權利」の用例（1872 − 1894）

申報 日期：1872-05-21 版次／卷期：03 版
附錄香港新報
據大英與法國於一千八百五十六年九月二十四號所立和約按第五款便不能執我
之船第五款原文雲倘兩國船系傳遞郵報者無論皇家船或皇家租賃之船俱照兵船
一體相待又無論船到兩國之埠兵船所能領之額外權利者郵船亦可能領以傳遞郵
報原為要務所關其開行之期斷不能阻滯故郵船無被執被封等情據此款和約便不
准執鴉華船也今法國輪船公司向倫拿在本港臬憲衙門討賠修船一項顯然自棄了
兵船應得額外之權利矣

申報 日期：1872-10-05 版次／卷期：03 版　　附錄香港華字日報
續錄普法戰紀　吳郡王韜紫詮氏削訂
況乎二國在向時本非共敦和好各釋猜嫌以禮相維繫以信義相感孚所爭者權利所
奪者土疆所欲得者榮名法以為普之聯合各邦非我之所利也必貽日後患晉以為我
之結連與國合好同仇亦複何與法事乃必欲多端以阻我挨之於理豈得為平二國之
意皆謂是非出於用兵不可若欲與之講信范盟當不玉帛而必以干戈普法之戰實由
於此

申報 日期：1881-09-04 版次／卷期：03 版
古巴領事德政
內有于華人裨益者華人亦可一體呈控著工主遵守至華人之公堂上無論罪案或錢
債案其所得權利以及控訴之法均與相待最優友睦之國人民一樣第二欵凡合約未
滿之華人不得藉有上欵優待之條便不遵守合約

津滬電報總局公啟
　啟者本局於光緒八年三月奉飭招商辦理津滬電報曾稟蒙北洋大臣李批准永遠
承辦推廣施行本年十二月又奉　奏准飭令本局推廣興辦陸路電線自蘇州府經浙

江省之湖州嘉興杭州紹興寧波台州溫州等府福建省之福州興化泉州漳州等府廣東省之潮州惠州等府以達廣州省城與現在粵商所辦之廣州陸線相　計將六千里照津滬安線成本工費核算約需銀四十余萬兩自應遵飭籌添商本逐漸擴充以收中國自有之權利現于稟覆章程內聲明電局收支皆系洋欵擬併連津滬電線通集華商股本英洋八十萬元以一百元為一股由局刊發股票給執照章先僅舊商添本如舊商無力再聽新商入股並援照津滬每年由官津貼浙閩粵三省巡費湘平銀二萬兩學生均由天津學堂敎習酌撥均蒙抄折　奏准在案夫電報所貴一氣呵成未便劃分界限故前帳宜卽截清而後帳仍應統辦所有津滬幹線兩條商本原繳銀八萬兩來年三月止又應得官利銀八千兩商辦之

7. 蘇浙閩粵電線奏案

　○頃悉蘇浙閩粵沿海各口暨內地電線已於本月初十日奉　旨准行茲將譯出北洋李爵相奏稿章程列後　奏為津滬電報辦有成効擬請招商接辦由蘇至浙閩粵陸線以收中國自有之權利恭折仰祈　聖鑒事竊臣於光緒六年八月奏請由...

申報 日期：1883-01-21 版次／卷期：03 版　　本報訊

6. 補譯西歷二月五日東京日日新聞中國兵備論

艦隊急思維持東南洋大局保印度之權利不得不增艦隊決議新造強大戰艦以壯聲威英尚如此何況於我僅隔一衣帶水近在鄰邦至論武備自開拓以來從末一讓於彼今日我既空空彼又盛大見之且畏且羨此時若束手旁觀實屬遺憾無窮究欲禦...

申報 日期：1883-03-02 版次／卷期：02 版　　本報訊

5. 曉諭軍民示

南海縣正堂盧番禺縣正堂張為出示曉諭事照得中國與西洋各國通商和好有年允宜守約相安共用權利訪聞近有不法之輩偽造謠言並私自刊刻新聞昇等項沿街售賣本月初五六兩日竟有一二匪徒意欲聚眾至禮拜堂滋擾藉端生事實...

申報 日期：1883-12-20 版次／卷期：02 版　　本報訊

4. 錄曾襲侯照會

之權不壞兩國之利今如所議貴國誠獨得權利矣於中國則大損大壞焉據本欽使所見若非依照同治十二年前越南為中國屬國他國不得干預或所議條程中國得以統轄越南全境並無專管紅河之說斷不能從惟中國朝廷未嘗不欲降心以就但據...

申報 日期：1883-12-23 版次／卷期：02 版　　本報訊

2. 英宜遵約保護舟山說

以爭不必自居局外他國亦不能概以司外之例例之誠以收永遠之權利為中國謀者小而自為謀者大也自法取越南中法構釁譯光緒九年十二月初七日英京所刻新聞紙內載香港通商會館電請倫敦通州會館司事懇祈英國外部大臣守一千八百...

申報 日期：1884-09-08 版次／卷期：10 版　　本報訊

1. 論局外各國意見

恃強固所素著若與中國罷兵修好則凡英人在亞西亞洲所有之權利法人或將蠶食其間英人又將何以拒之刻下一時之商務其所關猶小日後無窮之大累其所關甚巨

轉不若令中法構兵法敗則英人可以無後患而緬甸印度馬島埃及各處皆可以 . . .

申報 日期：1884-12-08 版次／卷期：01 版　　本報訊

始亂終成說
前年亂事卽由於內變而日人乘機而動欲藉此以收高麗之權利因而釀成大禍經中
國立卽為之敉定根株既拔枝葉漸離而內憂一審外患亦無從侵入然日人之心則未
肯遽罷也眈眈逐逐虎視於旁
申報 日期：1885-01-30 版次／卷期：01 版　　本報訊

16. 中法新約

處一在保勝以上一在諒山以北法國商人均可在此居住應得利益應遵章程均與通
商各口無異中國應在此設關收稅法國亦得在此設立領事官其領事官應得權利與
法國在通商各口之領事無異中國亦得與法國商酌在北圻各大城鎮揀派領事 . . .

申報 日期：1885-06-23 版次／卷期：09 版　　本報訊

13. 接錄廣督張疏陳海防要策稿

三也斯三者相濟為用有人材而後器械精有煤鐵而後器械足有煤鐵器檔而後人材
得以盡其用得之則權利操諸我失之則取子仰於人而粵省尤為要策太抵外洋入華
必以粵海為首沖粵防能固彼卽越疆遠襲而軍火接濟書報往來皆須取道粵疆 . . .

申報 日期：1885-12-11 版次／卷期：03 版　　本報訊

存緬公論

本報訊

緬王底母被英所俘去國之後其國政由英軍副帥司禮蘭率同緬相金文並數朝臣權為經理因司公前曾充駐緬之任久居其地凡緬之語言文字風土民情國禁政教無不孰悉是以攝治緬政遊刃有餘雖國無主君安然不見變亂之事足征司公之才能理亂也其一切防剿軍務及英印在緬之兵戎則統歸卜將軍獨專其任此緬國近今之情事然而緬王去位究竟其國或入英圖或當另立緬後尚未見其明文職是英印孟加勞之西字報起而論之其論其繁大略謂英印總統似不應盡收緬地而不存其祀法當擇緬前王子之賢者素行不與底母合卽可立為緬幹英與立定詳明之約從此彼政彼理我商我運兩各相安於無事矣此西報論存緬　為是也竊思此說甚公泰西滅人宗國之事不輕易行多系侵削其土地干預其政令使其權利暗失漸至於屍位然後聽其自主得土者不蒙滅　之名而受實在之惠印報請存緬之說未謂非兩得之妙計也然必以公論目之蓋言出於西報為難得耳選華洋新報

申報 日期：1886-01-17 版次／卷期：01 版　　本報訊

11. 論朝鮮貸銀事

朝鮮國王向德意志國家稱貸一事去冬已兩紀報端茲悉此事由中國出為居間米也斯公司乃肯經理計借洋銀一百萬元高王感荷盛情願以火船載運貢米之事畀該公司獨得權利五年後方准各家輪船轉輸雲此事在高廷為有益乎無益乎 ...

申報 日期：1886-02-25 版次／卷期：01 版　　本報訊

10. 中法通商新約照登

處中國在此設關通商允許法國卽在此兩處設立領事官該法國領事官應得權利卽照中國待最優之國領事官無異現在條欵畫押時兩國勘界大臣尚未定議其諒山以北應開通商處所本年內應由中國與法國駐華大臣互商擇定至保勝以上應開 ...

申報 日期：1886-08-12 版次／卷期：11 版　　本報訊

8. 欽憲批詞

由本埠籌出應用能否持久不懈及如何籌辦未據聲敘外國設立領事原有就地籌欵之說但中國政體與別國不同總須隨時體察商情酌量辦理期臻妥善若但知速設領事而于華商之權利彼族苛政未能鞭辟入裡仍虞柄鑿衣琅蘇祿兩島情形如是 . . .

申報 日期：1887-01-16 版次／卷期：02 版　　本報訊

7. 欽憲批示

日官已外和內忌既設領事奪其權利則日官之媢忌沮撓益不可思擬外洋國政每有寄寓　國之人卽歸該國管束不願他人過問者觀于荷蘭之不願委員往查近事之明證也該員既熟知此中情偽乃遵照會該省總督照會各節皆領事應辦之權利豈不更觸其疑忌哉華商求設領事甚殷中國豈于該島華民而故為歧視領事果設或可弭患將來該員疊請速設領事當于未設前覓留地步若日官騁其陰害之謀因而梗阻　煩唇苦何以慰華民懇求保護之意耶 . . .

申報 日期：1887-01-17 版次／卷期：02 版　　本報訊
6. 錄戶部覆陳維持招商局疏

　戶部謹奏為核覆大學士李鴻章等遵議維持招商局事宜並議令將前後出入欵項分別報部恭折仰祈聖鑒事北洋通商大臣大學士李鴻章等奏遵議招商局事宜以保中國權利一折光緒十二年正月二十四日軍機大臣奉旨戶部知道欽此由 . . .

申報 日期：1887-02-25 版次／卷期：01 版　　本報訊

3. 接錄槐花園案犯狡脫與外部來往照會抄件

而生華人為利所誘赴此地者並非子然一身皆聯臺逐隊其服食俗尚仍照中式與比鄰爭利之外國人迴別畛域之嫌所由生華人受虧之重本大臣固不敢　視例應保護之責苟能盡力尤不敢辭伏望貴大臣垂察此半年來貴大臣為保在美華人之權利碩畫周詳不遺餘力本大臣殊深欽佩本大臣按例可行者亦靡不竭力贊襄然若見敍述案情過於其實置之不辨誠恐外傳為確諒貴大臣亦不以為然本大臣閱來文述事似有錯誤用特陳明請為鑒及本大臣原可就此結筆

申報 日期：1887-04-14 版次／卷期：11 版　　本報訊

2. 接錄澳門徵收洋藥稅銀章程

之權一有形跡可疑犯此章者自應搜查拿獲並可拘其人如有確據亦可扣留其物及人並如按情形理應設法庶免虛費搜查徒勞無功自應照辦惟須依律例所定辦此事之規矩而行〇二十承充熟洋藥商人與公物會有立合同本澳官員原有權利職分以便辦理免有違犯該合同之章程今皆一律要操行權利職分以致各人遵守此章〇二十一凡巡捕員弁兵丁如遇有形跡可疑私帶藏匿洋藥自應將該人扣留押解最近之兵卡附欽如有房屋或船隻而該船不　于免查者或有別處形跡可凝應照十九欽搜查者並有事關緊急者該巡捕員弁兵丁自應設法免將屋船等處之情形更改並通最近之兵卡以便照知該官前來搜查〇二十二本章所定各規矩祇系關涉生洋藥即未煮之洋藥至所稱洋藥箱即是時常裝洋藥入口之箱〇二十三澳門氹存過路灣皆有承充洋藥之人是以此章所議定承充人之權利職分該三承充人皆當在本人所管之地方及水面各處遵守而行如有洋藥由以上三處彼此帶運須請督理官或其委員給照方可並其所發之照亦須該承充人閱看簽名 . . .

申報 日期：1887-06-26 版次／卷期：02 版　　本報訊

付録

1. 吾輩生涯爾等來此為何人所許華人則言中華人在朝鮮海上漁　不侵貴地權
利何以不可來於是兩不相下釀成爭鬥嗣由近地韓人催集多人出為彈厭華人不直
韓人反向尋　韓人乃與華人大鬥互有死傷聞華政府答謂此種海賊不知何國人民

申報 日期：1887-08-07 版次／卷期：02 版　　本報訊

今欲一時掃除續習固屬難事然欲盡心除去不妨設二法先為施行終可成功一凡十
六歲以上之幼女不准入妓院二裁去　毒院蓋　毒院既不准患毒之婦回家可令客
染毒之權利則是從人淫蕩更肆無忌憚矣前者英國及諸屬地亦設　毒院試行多年
後許多地方已一概裁去足證　毒院之毒患之不能禁而反有害於人
申報 日期：1888-06-17 版次／卷期：02 版　　本報訊

12. 中美新約

備回美之據該稅務司須遵現時之例或自後所立之例不得與此約　悖倘查出所報
各情屬　則該執照所准回　美國之權利盡失又例准回美之權莊限以一年為期以
離美之日起訴　因疾　或別有要事不能在限期內回美者則可再　一年之期 . . .

申報 日期：1888-07-20 版次／卷期：01 版　　本報訊
11.

由國家舉行者為輪船為武　為鐵路為電線輪船由招商局為之與　閱二十　愈推
愈廣誠足收回西人之權利俾中華商務日漸　與武備自各省設立製造局鑄造槍駁
外福州又有船政局製造兵輪由一號以至數十號鐵木堅　捩較靈　駛之人 . . .

189

申報 日期：1888-08-20 版次／卷期：01 版　　本報訊

10. 與客論公法

人之秉彝莫不自具應享之權利應行之責守二者相輔而不能相離否則無以成化蓋
衺理相待而化以成矣是以各國之制法義與不義祇以人性為準繩人既皆同此性即
各有應守之義應盡之分無論貴賤律法不得歧視由是言之當羅馬大一統之際...

申報 日期：1888-12-17 版次／卷期：01 版　　本報訊

9. 禁賭說

計得彩否也今則販豎傭夫心生妄念刻減衣食累積辛俸以為孤注一擲之計一若矢
無虛投權有可操者開彩之日求籤問卜如醉如癡電報一至奢願皆虛以是四壁蕭條
妻子凍餓其為害也非賭而何貿易之道以本權利獲利不過什一折本亦屬無多...

申報 日期：1889-01-17 版次／卷期：01 版　　本報訊

8. 鑄銀餘論

於中國流通是以圜法之行可以歷久無弊今則萬邦通道四海一家外洋之銀載入中
邦者歲不可以數計初時所用日斯巴尼雅銀餅久且鏨鑿滿花文　墨西哥販運鷹銀
三十餘年來幾於遍地皆是不特權利為外洋所握且奸商舞弊愈出愈奇如挖銅...

申報 日期：1889-03-04 版次／卷期：01 版　　本報訊

7. 欽差出使美日秘國大臣張致美外部文

之限並曾在美國居住之華工往返自便美國均不可以立例限制夫此項華工不特均聽其來往且約欵亦載明均受優待各國最厚之利益似此凡議院立例有幹此項華工往來自便之權利者卽與約欵大相違悖矣查新例系續補一千八百八十二年五...

申報 日期：1889-03-19 版次／卷期：02 版　　本報訊

6. 照錄張椎野星使與美外部辨駁新例往來文件

人數年數之限並並在美居住之華工往返自便美國均不可以立限制夫此項華工不特均聽其往來自便且約欵亦載明得受優待各國最厚之利益似此凡議院立例有于此項華工往來自便之權利者卽與約欵大相違悖矣查新例系續補一千八百八...

申報 日期：1889-05-11 版次／卷期：02 版　　本報訊

5. 接錄張樵野星使與美外部辨駁新例往來文件

每謂約內如不載此兩欵則本大臣無權畫押查上年十月一號貴總統批准之新例系禁止現在美國華工日後回華欲返美者不准複來並前所發給回美執照視為廢紙微聞貴國各稅關皆謂已將假道權利撤去是此新例行後貴國並未允准華工假道...

申報 日期：1889-05-13 版次／卷期：02 版　　本報訊

4. 計臣權利

　戶部因籌畫鐵路工需令承辦司員將各省每年應收各欵統計共得若干限一月內開呈清單以便斟酌撥用各司員再三核算除閑款未經開列外計各省關每歲約征洋

稅銀一千五百余萬兩洋藥稅厘並征每歲約銀七百余萬兩各省常關每歲稅...

申報 日期：1889-10-15 版次／卷期：02 版　　本報訊

15.　人在通商處所開廠改造土貨屢向本衙門議辨均未允行又光緒八年滬　有洋人欲用機器仿造綢緞亦經切實議阻歷屆有成案誠以此事華民生計攸關係中國自主之權利此次祥生廠英人格蘭特在浦東購機招股建廠軋花實系改造土貨顯與約日期：1889-11-06 版次／卷期：05 版　　本報訊

3.　節錄童彭夫書本報講學非迂說後

秘不經迨郭星使奉　命駐英道出新坡見華人旅居者眾擬設領事商于英之外務卿始則不允因其地恃華人成市恐中國官分其權利而阻設領事又不合約章旋乃指定粵商胡君璿澤為領事卽使西紀程所載短衣番帽來見之人也因胡久客其境有...

申報 日期：1889-12-08 版次／卷期：01 版　　本報訊

2.　光緒十六年六月十三日京報全錄

仍宜將堤閘移建黑橋口或另勘善地設立于吳松等處下游一律細勘陸續擇要修治等語修浚河道　系保衛農田必須熟權利害為一勞永逸之計未可專顧一隅致滋流弊著曾國荃體察情形妥籌具奏原折著鈔給閱看等因欽此遵卽箚飭升任浙江...

申報 日期：1890-08-07 版次／卷期：14 版　　本報訊

1.　後閉歇大抵皆耗損多金焉輪船之利創自西人我中國恐月久年深銀錢流出外洋者甚眾於是創興招商局以與之爭衡購船數十艘漸漸奪回權利邇日商賈貨物附載者多獲利之豐可操左券於是野雞船日甚一日且有糾股新設公司者滿冀生意興

192

付録

　□ 學言語依稀髣髴　無一眞而尙欲望市道之興多見其不知量矣於日謹受教乃泚筆而為經商論

申報 日期：1890-12-06 版次／卷期：01 版　　本報訊

15. 兵船海歷外洋議

往公司及各船中工作不復受役于外人而凡洋貨之入中華土貨之在外國者俱可由中國之船載運不特華人不致受苦且所失權利亦可漸次收回豈不一舉而兩得乎予曰唯唯否否西人旣至中華貿易我國何不可至海外經商按之約章誠不紕繆然 . . .

申報 日期：1891-01-19 版次／卷期：01 版　　本報訊

14. 論所以盡使臣之職

國益見和睦我　國為君主大邦所有權利本無限制公使受命出疆以覘各國強弱敦篤邦交審其形勢察其仁暴卒至保護我商旅則使臣之職不於此盡哉 . . .

申報 日期：1891-03-01 版次／卷期：01 版　　本報訊

13. 募順山左急振啟

暫無須多派惟逐漸添此十數領事者則商政日眞民財自阜息息有與內政相通之故且慰輿情於絕遠不啟華人觖呈之端收權利於無形不開外人姍笑之漸所獲裨益較之經　奚啻十倍臣嘗閱各國貿易總冊以洋貨工貨出入相准每歲中國之銀流 . . .

申報 日期：1891-04-19 版次／卷期：01 版　　申報館協振所同人拜手

12. 察看交涉事宜疏

形俟有機會大則奏請諭旨遵辦小則函諮總理衙門裁酌總期捷聲氣而通隔閡收權利而消外侮仰副朝廷委任之意抑臣又聞外洋各國使臣互相駐紮皆以得見君主為榮君主亦必接見以示優異皇上親政以來各使以未覲天顏疑有薄待之意不無...

申報 日期：1891-05-04 版次／卷期：01 版　　本報訊

11. 盛會重興

道主人則太平洋權利宜悉我屬非歟是今日所以創建東邦協會非歟若夫講　邦之地理商況兵制殖民歷史會計學術以導未開之地以扶不幸之國則本會之本旨得矣子　為邦家並為諸君本會勤力之願諸君有志贊成至所希望演說畢我中國駐...

申報 日期：1891-07-29 版次／卷期：01 版　　本報訊

10. 論貿易盛衰迴圈之理

盈昃寒暑之變遷雖在人思慮之中而實出乎人意料之外自來長於經商者莫如泰西而英美兩國尤推為巨擘多財善賈長袖善舞其於中國自有之權利幾欲盡壟斷而有之宜乎可以居奇致富坐享厚貲顧近年以來亦有折閱者亦有倒閉者或追咎於...

申報 日期：1891-08-30 版次／卷期：01 版　　本報訊

9. 再行照會

兩國約章幹與貴國律例惟原告系敝國人無論是何案件其原告稟單應由理事官備
文轉行此乃理事官素有之權利業已辦理多年而貴國各衙門亦從無不收敝國人原
告稟單之事即如我歷光緒九年即貴歷明治十六年貴巡查峯進殺斃我國人魏 ...

申報 日期：1891-12-17 版次／卷期：02 版　　本報訊

8.　觀摩以臻美善且貨棄於地人或未知自經博覽會之品評而後知園廛漆林山邱
墳衍無一處不蘊美質即無一處不可擴利源用能使智慧日開權利日辟他日者兵強
國富無不於此會基矣善夫李君之言曰僕初觀美國之創是會似乎徒費今而知志在

申報 日期：1892-06-27 版次／卷期：01 版　　本報訊

主題：日本：宗教？政治？文化？？臺灣神宮／北白川宮能久親王

7.　招辦船務

更有違犯該處地方官即詳報澳門督憲將該合同銷廢該合同者即系將本合同所准
之權利概行註銷如該承接人不服可於大西洋管理水師外洋屬地尚書處上控十四
其第十三欵之罰項系由該處地方官所定如行罰之後限於廿四點鐘內該承接 ...

申報 日期：1892-12-11 版次／卷期：02 版　　本報訊

6.　法暹交涉

從此路而入是則美江之權利法人不能獨擅是不可不早為籌及也由此觀之法人之
圖暹其志固不在小豈美江一界遂足滿其願哉 ...

申報 日期：1893-05-07 版次／卷期：02 版　　本報訊

5. 照譯崔欽使再致美外部辯駁新例文

　為照會事案因議院屢設苛例歧視華人違悖中美約欵不顧華人應享權利殊屬不公無理是以旅美華民疊次稟訴苦狀敝政府又頻催駁論為此本大臣合亟照會貴大臣請即轉奏貴總統核理為要查前於一各八百九十年三月廿六號本大臣...

申報 日期：1893-05-12 版次／卷期：09 版　　本報訊

4. 諭織布局火焚事

　我中國自與泰西互市以來事事皆讓西人占取權利其能樹之敵者惟招商織布二局而已招商局創始已二十餘載雙輪鼓浪貨物流通雖不能獨浚利源亦可分其一半織布局旋作旋輟至近年而始告成功辟廣廈數百椽役工匠數千人昕夕無...

申報 日期：1893-10-22 版次／卷期：01 版　　本報訊

訂約續聞
日前本報登中美新約各欵皆楊子通星使與美外部大臣互相訂立仍俟中美朝廷畫押施行約內各欵在美人以第二欵准華工回美一層為不滿意然竊謂若無此層似不必與之立此新約矣夫立約之意原不可畸重畸輕必兩相允洽乃可今美國不能舍此一層者實不俗因此與中國失和也又聞星使范任以來於辦理條　事情無不竭盡心力近又與西班牙欽使面商通商各節已有成議西廷亦允所請將條議交還星使寄返總理衙門核奪施行約內要旨略言華人在西國貿易准其隸籍所享權利與土人無殊雲
申報 日期：1894-05-17 版次／卷期：01 版　　本報訊

2. 法報紀中日構兵緣起

付錄

事函示一切略謂日本托言高麗隸其藩封已歷一千五百年此就遠者言之以文過飾
非耳其實日本鮮有申明此權　者當一千八百七十八年間中國令韓人開通口岸與
泰西各國通商至一千八百八十五年中日立約以弭高亂約中申明中國權利並...

申報 日期：1894-09-13 版次／卷期：01 版　　本報訊

權利不同
　　英京太晤士報登有外間來箚其中所論乃中東兩國戰爭而局外各國所應為之權
利中有雲近有某爵臣在議院內以此事向廷臣詢問而廷臣未能覆答然竊觀巴梨之
約日本與焉惟中國則未允從事於斯以此觀之則英國諸船原不該運載兩...

申報 日期：1894-10-07 版次／卷期：03 版　　本報訊

謝　辞

　本研究を進めるにあたり終始あたたかいご指導と激励を賜りました愛知大学地域政策学部荒川清秀教授には言葉に尽くしきれない感謝の意を表したいと思います。思えば3年数ヶ月前、面識もなく、また、研究成果も少なかった私の突然の入学希望を快くお引き受けいただき、在学中には節目節目で適切なご指導と叱咤激励をいだだきました。先生の木目細やかなお心遣いによってこの成果が達成できたといっても言いすぎではありません。ほんとうにありがとうございます。

　愛知大学中国研究科加々美光行教授、桑島由美子教授、李春利教授、周星教授、唐燕霞教授には研究あるいは授業科目に関して多大なるご指導をいただきまして、深く感謝いたします。資料収集に協力してくださった古橋ふみ子、徐佳、闫浩、孫菁菁、楊延峰、文阡簫、趙暁磊、耿子潔、王芳芳、田正、洪涛に深く感謝いたします。

　大学学部学生、修士学生、南開大学博士時代の私に、研究の楽しさと難しさを教えてくださいました山東師範大学李光貞教授、吉林大学劉樹仁教授、南開大学趙徳宇教授に深くお礼申し上げます。

　私が聊城大学在職中、研究に向かう姿勢を厳しくご指導くださるとともに、新しい成果を取り上げる喜びを教えてくださり、また、私が学術研究の道に進むことを許してくださいました陳万会教授に心よりお礼申し上げます。王桂蘭先生、劉玉燕先生には、日頃より教育および研究における多大なご協力とご支援をいただきました。深く感謝いたします。また、拙著の出版を快くお受けくださったクロスカルチャー出版の方々に心より御礼を申し上げます。

　最後に，これまで私をあたたかく応援してくれた両親、私を明るく励まし続けてくれた妻 李雲，息子 王慶賡に心から感謝します。

2018 年 8 月

著者略歴

王長汶(Wang ChangWen)
1979年4月　中国山東省汶上県生まれ。
2016年6月　中国南開大学日本研究院より博士号取得。
2018年3月　愛知大学大学院中国研究科より博士号取得。
現在、中国聊城大学日本語学部准教授。専門は近代中日における思想の伝播と言語の編成。主な論文に「近代日本における自己認識の構造の変遷」、「加藤弘之の社会進化論と日本の近代化」、「梁啓超と加藤弘之の社会進化論の比較およびその啓示」、『権利』という語の生成、変遷および定着」などがある。競争的資金などの研究課題に中国「2018年度教育部人文社会科学研究青年基金項目」などがある。

近代中日における「権利」の概念史

2018年12月20日　第1刷発行

著　者　　王長汶（Wang ChangWen）
発行者　　川角功成
発行所　　有限会社　クロスカルチャー出版　事業部
　　　　　〒101-0064　東京都千代田区神田猿楽町2-7-6
　　　　　電話 03-5577-6707　　FAX 03-5577-6708
　　　　　http://crosscul.com
印刷・製本　シナノパブリッシングプレス

© Wang ChangWen 2018
ISBN 978-4-908823-44-2 C3032 Printed in Japan